Basics of making doll clothes

기초의 기초부터 배우는
나의 첫 인형옷 교과서

세키구치 타에코 지음 고현정 옮김

라의눈

시작하며

인형옷을 만들기 시작한 지 올해로 20년입니다.
정확하게 말하자면 좀 더 됐을지도 모르겠네요.
「F.L.C」라는 이름으로 활약한 것은 20년,
의상 작가 등의 직업으로 인형옷을 만든 것은
19년 되었습니다.
첫 책을 출판하고는 16년이 지났습니다.
굉장히 긴 시간인데도 왠지 한순간 같네요.
데뷔 20년에 이렇게 새 책을 출판하게 되어
무척 기쁘게 생각합니다.
이 책엔 인형옷을 만들기 위한 진짜 기초부터
상급자를 위한 어려운 기법까지 모두를 담았습니다.
지금가지 리얼한 인형옷을 만드는 일에 매달려
여러 가지 기법을 공부해 왔고, 그 경험으로 가득한
책이 태어나게 된 것입니다.
인형옷은 착용감이나 내구성이 그리 중요치 않으니
'꼭 이렇게 해야 해'라고 정해진 건 없다고 생각합니다.
'이런 방식은 어떨까?'라고 고민이 많지만
'괜찮아'라고 스스로에게 답해주곤 한답니다.
정말이지 인형옷의 세계는 심오합니다!
저도 아직도 배워 나가는 중이라 생각합니다.
이 책을 보다 많은 분들이 즐겨 준다면 행복할 겁니다.

세키구치 타에코

Contents

이 책의 인형 사이즈에 대하여 … p4

1장 준비하기와 기본 익히기
- 옷 만들기에 필요한 환경 … p6
- 원단에 대하여 … p7
- 인형옷에 사용하는 원단 … p8
- 접착심에 대하여 … p16
- 부자재에 대하여 … p17
- 다리미의 종류와 용도 … p22
- 패턴이란? … p24
- 표시에 사용하는 도구 … p25
- 패턴 베끼는 방법 … p26
- 재단에 사용하는 도구 … p30
- 원단의 재단 … p31
- 올 풀림 방지 … p33
- 재봉할 때 필요한 도구 … p34
- 실 … p36
- 접착제 등 … p37
- 손바느질 … p38
- 재봉틀에 대하여 … p42
- 재봉틀 선택 포인트 … p43
- 재봉틀의 부분과 기능 … p44
- 바늘땀과 실의 장력에 대하여 … p45

2장 인형옷 재봉 기법의 모든 것

초급자편 … p47
- 재봉틀 바느질의 기본 … p48
- 얇은 원단(두꺼운 원단), 작은 파츠 재봉 방법 … p51
- 주름 잡는 방법 … p52
- 다트 재봉 방법 … p54
- 턱의 재봉 방법 … p55
- 시접의 처리 … p56
- 목둘레, 소매둘레의 안단 처리 … p58
- 고무테이프 사용법 … p62

Image 1 … p66
Process 「고무줄 스커트」 … p67
Process 「탱크 탑」 … p70

중급자편 … p73
- 가는 끈 만드는 법 … p74
- 같은 천으로 좁은 프릴 만드는 법 … p76
- 셔링 … p78
- 핀턱 몇 가지 … p80
- 플리츠 … p82
- 칼라 달기(셔츠 칼라) … p84
- 칼라 달기(플랫 칼라) … p86
- 소매 달기(기본 소매와 꿰매 줄이기) … p88
- 소매 달기(레글런 소매) … p90
- 소매 달기(퍼프 소매) … p92
- 파이핑 테이프 … p93
- 뒤여밈 … p95
- 둥근 요크 … p97
- 각 요크 … p101
- 커브 밑단의 재봉 방법 … p104
- 패치 포켓 … p105
- L형 포켓 … p106

상급자편 … p107
- 사이드 포켓 … p109
- 입술 포켓 … p111
- 플랩 달린 입술 포켓 … p113
- 트임 있는 커프스 … p115
- 지퍼 다는 방법 … p118

Image 2 … p121
Process 「턱 팬츠」 … p128
Process 「퍼프 소매 원피스」 … p134
Process 「플리츠 랩스커트」 … p140
Process 「셔츠」 … p145
Process 「후드 코트」 … p152

칼럼
- 옷의 여밈에 대하여 … p65
- 스티치에 대하여 … p108
- 지퍼에 대하여 … p120

ITEM INDEX … p160

패턴 … p165

이 책의 인형 사이즈에 대하여

옷 갈아입히기를 즐길 수 있는 인형은 많습니다. 사이즈나 체형도 제각각입니다. 이 책에 게재한 옷 만드는 방법이나 자재 등의 정보는 1/6 스케일의 인형에 맞춰져 있습니다. 1/6 스케일도 더 세세하게 구분되므로, 좀 더 자세하게 설명해 둘 필요가 있다고 생각합니다.

● 중요한 인형 스케일에 대하여

너무나 다양한 인형이 있기에 완벽한 구분은 어렵습니다. 다만 크게 나눠서 1/3 스케일, 1/6 스케일, 1/12 스케일로 구분합니다. 여기서 말하는 스케일이란 대략적으로 인간을 기본으로 했을 때의 비율이라 생각하면 됩니다.

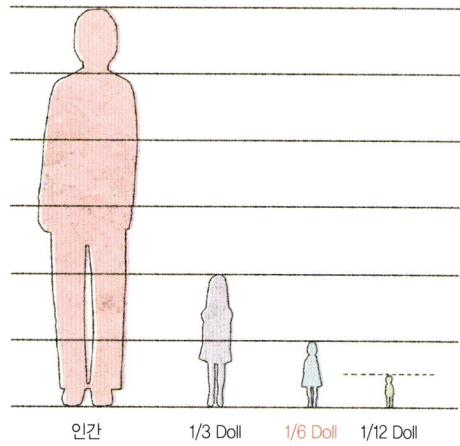

각각의 스케일에도 여러 가지 종류가 있고 그것을 사이즈별로 분류하는 것도 가능합니다. 여기서는 1/6 스케일로 분류되는 몇 가지 인형을 소개해보겠습니다.

20cm 크기
퓨어니모 XS 사이즈를 사용한 인형(아존 인터내셔널 오리지널 돌이나 루루코 등), 오데코쨩과 니키, 우사기이 등

22cm 크기
리카쨩, 브라이스, 엣쿠스☆큐트(퓨어니모 S 사이즈), 오비츠22 보디 등

24cm 크기
엑스☆큐트나 사아라즈 아·라·모드(퓨어니모 M 사이즈), 오비츠24 보디 등

27cm 크기
#리카쨩, 제니, 모모코, 유노아 크루스라이트 등

29cm 크기
바비, FR 니폰 미사키 등

이 책은 22~27cm 크기의 인형을 기본으로 하고 있습니다. 책 뒤의 패턴은 22cm와 27cm 사이즈입니다만, 게재된 자재나 기법은 다양한 사이즈의 인형에 응용할 수 있습니다.

1장
준비하기와 기본 익히기

인형옷 만들기를 시작하기 위한 첫 단계입니다

- 옷 만들기에 필요한 환경…p6
- 원단에 대하여…p7
- 인형옷에 사용하는 원단…p8
- 접착심에 대하여…p16
- 부자재에 대하여…p17
- 다리미의 종류와 용도…p22
- 패턴이란?…p24
- 표시에 사용하는 도구…p25
- 패턴 베끼는 방법…p26
- 재단에 사용하는 도구…p30
- 원단의 재단…p31
- 올 풀림 방지…p33
- 재봉할 때 필요한 도구…p34
- 실…p36
- 접착제 등…p37
- 손바느질…p38
- 재봉틀에 대하여…p42
- 재봉틀 선택 포인트…p43
- 재봉틀의 부분과 기능…p44
- 바늘땀과 실의 장력에 대하여…p45

옷 만들기에 필요한 환경

1/6 스케일의 옷은 작아서 그리 넓은 작업 공간이 필요치 않습니다.
여기서는 제가 실제로 작업하는 공간을 소개하려고 합니다. 사람마다 작업 환경에 대한
생각과 느낌이 다르므로 따라 할 필요는 없지만, 그래도 뭔가 참고할 만한 것이 있으면 좋겠습니다.

작업 책상을 ㄱ자 모양으로 배치하고
의자에 앉은 채, 몸을 옆으로 돌려서
재봉틀 작업과 기타 작업을 합니다.
우측에 가정용 재봉틀과 준공업용 재봉틀을
나란히 배치했지만, 주로 사용하는 것은
준공업용 재봉틀입니다.

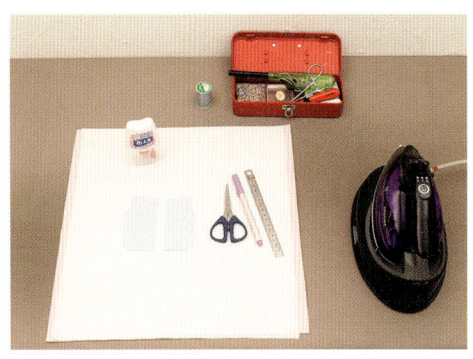

● **작업 도구의 배치**

재봉틀 이외의 작업은 전부 이곳에서 합니다.
가운데 작업용 매트를 깔고 오른쪽 옆에는 다리미,
위에는 자주 쓰는 도구들을 모아 놓았습니다.
왼쪽 옆에는 작업 중인 패턴이나 원단 등을 두고,
패턴 제작 시엔 작업 매트를 접고 종이를 놓습니다.

● **작업 매트**

작업 매트는 40㎝의 정사각형 펠트 원단에
흰색 면 브로드를 씌운 것입니다. 이 매트 위에서 패턴을 베끼고,
다림질을 하고, 접착심을 붙이는 등의 작업을 합니다.
매트가 더러워지면 덧씌운 브로드 원단만 갈아줍니다.
다림질할 때는 바닥이 딱딱한 편이 좋습니다.
시판되는 다리미판은 푹신해서 작은 인형옷을
다림질하기 어려울 수 있습니다.
단, 작업 매트가 얇으면 뜨거운 열이 전달될 수
있으니 책상 재질에 주의하세요.

원단에 대하여

원단의 기본적인 취급 방법을 소개합니다.

● 원단의 짜임새

원단은 대개 날실과 씨실을 교차해 직조됩니다.
세로 방향의 실은 잘 늘어나지 않아, 원단의 세로와 패턴의
세로를 맞춰 재단하는 경우가 많습니다.
옷의 형태가 틀어지지 않도록 하기 위한 것입니다.

・ 겉끼리 마주 대기

인형옷 만드는 과정에서 '겉끼리 마주대어'라는
설명이 자주 등장합니다.
이는 원단 2장의 겉면과 겉면이 안쪽으로
가도록 겹치는 것을 말합니다.

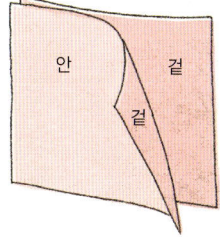
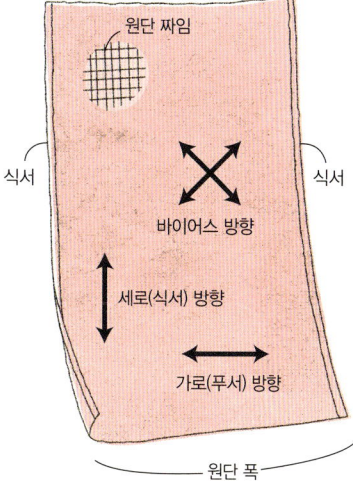

● 원단의 겉과 안에 대하여

원단에는 겉과 안이 있습니다. 재단 후엔 구분이 어려우니 구입 직후 확인해보세요. 원단의 식서(변폭)에는 바늘구멍 같은 것이 있습니다. 보통은 움푹 들어간 곳이 안이고 튀어나온 쪽이 겉이지만 예외도 있습니다. 구분이 어려우면 임의로 정해도 됩니다. 단, 같은 옷에서 파츠별로 겉과 안이 달라지면 곤란합니다.

● 초벌세탁과 원단 정리에 대하여

・ 초벌세탁

세탁을 하면 줄어드는 직물이 있으니, 사용 전 초벌세탁을 하고 반쯤 마른 상태에서 다림질해 원단을 정리합니다. 데님 등 색이 빠지는 원단도 초벌세탁으로 어느 정도 색을 빼 놓습니다.

・ 원단 정리

구입한 원단이 틀어져 있거나 판매처에서 줄어드는 원단이란 얘기를 들었다면, 분무기 등으로 원단을 적신 후 사선 방향으로 잡아당겨 씨실과 날실의 방향이 직각이 되도록 만든 후 다림질합니다.
※1/6 스케일 인형옷에서는 주로 자투리로 판매되는 원단을 사용합니다. 또 의상 제작 후에 세탁을 하는 경우도 드물어서 원단에 그다지 신경을 쓰지 않아도 됩니다.

● 무늬가 있는 원단

인형옷에는 아주 작은 무늬의 원단을 사용하지만 무늬를 맞춰야 할 경우도 있습니다. 특히 줄무늬나 체크무늬 원단은 몸판 좌우가 맞지 않으면 눈에 거슬리기 때문입니다.

● 직물과 편물

직물은 짜서 만든 원단, 편물(니트)은 떠서 만든 원단입니다. 같은 실이라도 직조하는 방법에 따라 원단의 특성이 달라집니다. 인형옷에는 어떤 원단이라도 사용 가능하지만 양말이나 속옷처럼 신축성이 필요한 아이템엔 니트 원단이 좋습니다.

인형옷에 사용하는 원단

원단에는 정말 다양한 종류가 있습니다.
원단 전체로 보면 극히 일부이지만, 인형옷에 자주 사용하는 원단을 소개합니다.

● 얇은 천

면 브로드

적당한 두께감과 텐션으로 바느질하기 쉽고
구하기도 쉬워서 초보자에게도 추천하는 원단입니다.
셔츠, 원피스, 스커트, 팬츠 등 여러 아이템에
적합합니다.

면 론

면 브로드보다 얇아서 원단이 비쳐 보입니다.
힘이 있는 원단은 얇아도 박음질하기 쉽지만,
얇고 부드러운 원단일수록 재봉이 어렵습니다.
원피스, 스커트, 블라우스, 속옷 등에 어울립니다.

면 시팅

조금 느슨하게 짜인 면직물입니다.
보통은 가봉 용도로 사용되지만, 인형옷으로는
올의 질감을 살린 느슨한 느낌의 아우터나
팬츠 등에 추천합니다.

샴브레이

데님 느낌의 얇은 원단입니다.
같은 계열의 원단으로 '덩가리'가 있지만, 샴브레이가
더 얇아서 사용이 쉽습니다. 셔츠나 원피스에 좋습니다.

면 새틴

광택이 있는 면직물입니다. 앞에 있는 숫자는
실의 번호로 원단의 두께를 나타냅니다.
인형용으로는 80새틴, 60새틴을 추천합니다.
원피스나 스커트 등에 활용하세요.

새틴

원단의 짜임새에 따라 여러 종류가 있습니다.
위에서 설명한 면 새틴 외에 실크 새틴,
폴리에스테르 새틴 등입니다.
면 새틴은 광택이 적지만, 그 외엔 광택이 강합니다.
두께도 다양하니 용도에 맞게 고르면 됩니다.
포멀한 원피스나 드레스 등에 어울립니다.

조젯

조젯은 비쳐 보이는, 얇지만 강한 직물입니다.
비슷한 느낌으로 시폰도 있지만, 조젯은 표면에 미세한
잔주름이 있는 것이 특징입니다.
어느 쪽이라도 인형옷으로 다루기 어렵고 재봉 난이도가
높습니다. 드레스나 란제리 등에 활용됩니다.

● 튤

소프트 튤

튤은 나일론이나 폴리에스테르로 만들어진
매우 얇은 그물 형태의 원단입니다.
튤에는 소프트 타입과 하드 타입이 있습니다.
소프트 튤은 여러 겹을 겹쳐서 풍성한 스커트와
케이프 등을 만들 때 사용합니다.
하드 툴은 많이 쓰이지 않는데, 스커트를 부풀리는
용도의 파니에가 대표적입니다.

튤 네트

신축성이 매우 좋은 망사 원단입니다. 양말이나 속옷 등
늘어나야 입고 벗을 수 있는 아이템에 적합합니다.

도트 튤

작은 도트 무늬가 귀여운 망사 원단입니다.
기본적으로는 도트가 오톨도톨 드러난 쪽이 겉면이지만,
평평한 쪽이 깔끔해 보이므로 취향에 맞게 겉과 안을
선택해도 됩니다. 원피스의 스커트 부분에 덧대거나,
란제리나 양말 등에 활용하세요.

● **중간 두께 원단**

옥스퍼드

면 브로드보다 두꺼운 평직 원단입니다.
두께가 다양하니 만져보고 너무 두꺼운 것은 피하세요.
탄탄한 원단이니 만큼 아우터나 팬츠, 모자나 가방 등의
소품에 사용하세요.

트윌

능직 원단으로, 표면에 사선으로 줄무늬가 있습니다.
트윌에도 여러 종류가 있으니 적당한 두께로 고르세요.
옥스퍼드 원단과 마찬가지로 아우터나 팬츠,
또는 모자나 가방에 어울립니다.

데님

데님도 트윌의 일종입니다.
인형용으로는 6온스, 8온스를 주로 사용합니다.
데님에 염색을 한 것과 프린트를 한 것이 있는데
염색한 것은 인형에 이염될 수 있어 주의가 필요합니다.
아우터나 데님 팬츠 등에 추천합니다.

합피

합성피혁의 약자로 인조 가죽을 말합니다.
작은 인형옷에는 진짜 가죽보다 합피가 편합니다.
합피의 종류도 다양한데 가능하면 얇은 것이 좋고,
열에 약한 종류도 많으니 주의가 필요합니다.
벨트나 가방 등 소품에 적합합니다.

● 겨울용 텍스처의 원단

울 조젯

얇은 울 원단입니다. 울 원단은 도톰한 것들이 많지만 이 원단은 인형옷 만들기에 적합할 정도로 얇습니다. 코트나 재킷 등의 아우터류에 좋습니다.

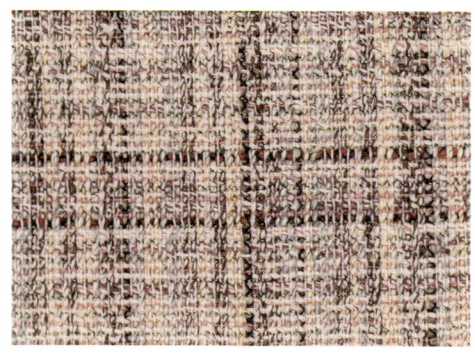

얇은 트위드

보통 트위드는 두꺼운 것이 많습니다. 실의 엉킨 부분(nep)이 있거나 체크무늬, 헤링본무늬 등 원단 자체가 매력적입니다. 썸머 트위드처럼 얇은 원단은 인형옷으로도 가능합니다.
코트, 재킷, 가방 등에 추천합니다.

면 플란넬

면 원단의 표면에 기모가 있는 원단입니다. 빳빳해서 재봉이 쉽고, 얇은 것을 고르면 인형옷으로 만드는 데 무리가 없습니다. 코트나 재킷 등의 아우터류에 어울립니다.

벨베틴

표면의 섬유를 얇게 긁어낸 기모감 있는 원단입니다. 비슷한 원단으로 벨벳도 있지만 인형옷으론 벨베틴을 추천합니다. 코트나 재킷 등의 아우터류에 권합니다.

얇은 골 코듀로이

벨베틴과 마찬가지로 표면에 기모가 있는 원단입니다. 골이 가는 타입은 인형옷으로 사용하기 좋습니다. 아우터류나 스커트, 팬츠 등에 활용하세요.

※벨베틴이나 코듀로이의 표면을 쓸어 보면 기모가 느껴집니다. 옷을 만들 때는 털의 역방향으로 사용하라고 하지만, 인형옷에서는 그렇게 신경 쓰지 않아도 괜찮을 것 같습니다. 단, 몸판과 소매 등 연결 부위에서 털의 흐름이 달라지면 눈에 띄니까 파츠의 방향은 맞추어야 합니다.

페이크 퍼

합성섬유로 동물의 모피와 비슷하게 만든 원단입니다. 많은 종류가 있지만, 인형용으로는 털이 가늘고 많이 길지 않은 것을 고릅니다. 코트의 깃, 목도리 등의 소품에 활용합니다.

● 니트류

천축 니트

평직 원단으로 가장 많이 사용하는 니트 원단입니다. 실의 두께에 따라 원단 두께가 달라지는데, 숫자가 클수록 얇은 것이니 얇은 원단을 선택하세요. 조금 두꺼운 것은 후드 티 등 두꺼운 옷에 적합하고, 티셔츠, 커트 앤 소운(니트를 잘라 재봉한 옷), 양말이나 속옷 등에 좋습니다.

베어 천축

폴리우레탄으로 만든 천축 니트를 말합니다. 매우 잘 늘어나서 타이츠 등에 사용됩니다.

스무드 니트

양면 짜임의 니트 원단으로 신축성이 좋고 매끄럽습니다. 인형용으로는 스웨트 등에 많이 사용합니다.

투웨이 트리코트

가로방향, 세로방향 모두 잘 늘어나서 레오타드 원단처럼 착 달라붙습니다. 인형용으로는 타이츠나 양말, 수영복 등에 활용합니다.

리브 니트

세로 줄무늬가 들어간 골지 니트로 신축성이 매우 좋습니다. 단 늘어난 채 돌아가지 않는 원단도 있으니 주의가 필요합니다. 아우터나 맨투맨 등의 시보리에 좋고 비니, 타이츠 등 소품에도 적합합니다.

● **안감과 안단으로 사용하는 원단**

안감용 원단

폴리에스테르나 큐프라 소재를 많이 씁니다. 코트 등의 안감으로 쓰면 고급스럽게 연출되지만 다루기가 어려워 상급자용이라 할 수 있습니다. 초보자라면 안감으로 면 론을 추천합니다.

벤 파트너

안감용으로 판매되는 원단이지만, 재단을 해도 올이 풀리지 않아 안단용으로도 사용할 수 있습니다.

결이 고운 튤

일반적인 소프트 튤보다 결이 고운 튤 원단입니다. 결이 고울수록 안단용으로 사용하기 쉽지만, 구하기 어려운 경우에는 소프트 튤로 대체할 수 있습니다.

접착심에 대하여

접착심은 크게 3가지 종류가 있습니다.
1/6 스케일의 인형옷에는 자주 사용하지 않지만 종류와 용도를 알아두면 좋습니다.

● 접착심

부직포 타입

마치 종이처럼, 섬유를 뭉쳐서 만든 천 접착심입니다. 신축성이 없어서 가방이나 모자 등, 반듯하게 모양을 내고 싶을 때 사용합니다.

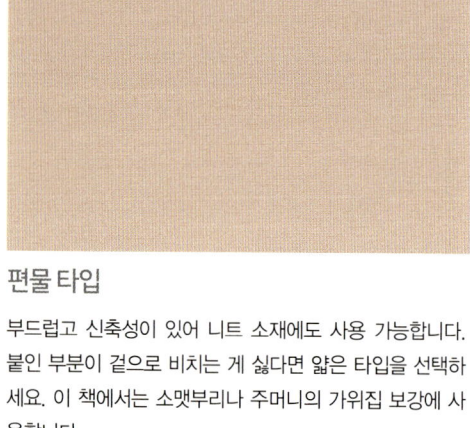

편물 타입

부드럽고 신축성이 있어 니트 소재에도 사용 가능합니다. 붙인 부분이 겉으로 비치는 게 싫다면 얇은 타입을 선택하세요. 이 책에서는 소맷부리나 주머니의 가위집 보강에 사용합니다.

직물 타입

편물 타입보다 약간 빳빳하게 마무리되는 느낌입니다. 잘 늘어나는 곳을 보강할 때도 사용합니다.

늘어남 방지 테이프

늘어나기 쉬운 부분에 붙여서 보강하는 테이프입니다. 좁게 잘라져 있어 사용이 편리합니다.

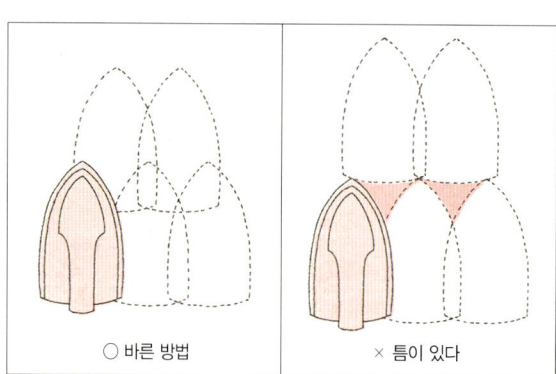

○ 바른 방법　　× 틈이 있다

접착심 붙이는 방법

보강을 원하는 원단의 안쪽 면을 위로 가게 놓고, 접착심의 까끌까끌한(풀이 묻어 있는) 면이 아래로 향하도록 원단 위에 올립니다.
우선 전체적으로 다림질해서 가볍게 붙여줍니다. 다음, 다리미를 꼭꼭 누르며 빈틈이 없도록 전체를 붙여 나갑니다. 주름을 펼 때처럼 미는 것이 아니라 세심하게 눌러서 접착합니다.

부자재에 대하여

인형옷에 사용하는 부자재를 소개합니다.
레이스나 리본으로 장식하면 보다 화려한 디자인을 즐길 수 있습니다.

● 레이스

여러 종류가 있지만, 1/6 스케일에서는 폭 1.5㎝까지를 주로 사용합니다.
겉과 안의 구분이 어려운 종류도 있는데, 잘 모를 경우엔 어떻게 해도 괜찮습니다.

토션 레이스

이탈리아 토션 지방에서 시작되어, 중세 유럽의 왕후 귀족들이 즐겨 착용하던 것을 기계화한 레이스입니다. 폭이 좁은 것도 많아서 인형옷에 사용하기 편합니다. 인형옷에는 실이 가늘고 얇은 종류를 고르세요.

리버 레이스

16세기 유럽에서 탄생한 수제 레이스입니다. 처음에는 무척 공이 들어가는 고가의 물건이었지만, 기계화되면서 널리 사용하게 되었습니다. 폭이 좁은 레이스도 섬세하고 아름답습니다.

케미컬 레이스

수용성 실로 짠 원단 위에 자수를 놓은 다음, 물로 실을 녹여서 만듭니다. 예전에는 화학 처리로 실을 녹였기에 붙여진 이름입니다. 폭이 좁은 종류가 많고, 작은 모티브가 이어져 있는 것은 잘라내 사용할 수 있습니다.

튤 레이스

튤 원단에 자수를 놓은 것입니다. 폭이 넓은 종류가 많지만 좁은 종류도 꽤 있습니다. 넓은 폭의 레이스는 스커트 등에 덧대어 사용해도 예쁩니다.

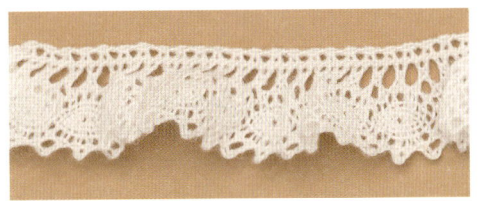

스트레치 레이스

신축성 있는 레이스의 총칭입니다. 토션 레이스나 리버 레이스 중에서 신축성이 있는 것, 또는 고무줄 단에 프릴이 달린 것 등 다양합니다. 인형옷에서는 양말의 장식이나 란제리에 사용합니다.

● 리본

리본에도 많은 종류가 있습니다. 1/6 스케일에서는 5㎜까지를 주로 사용합니다.

코튼 리본

면으로 만든 리본입니다. 탄력이 적어 형태가 잘 고정되므로 리본의 끝이 자연스럽게 아래로 향합니다. 폭 5㎜짜리를 가장 많이 사용합니다.

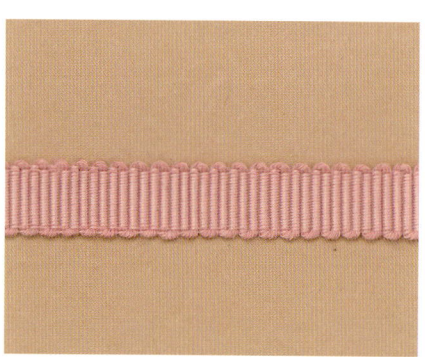

그로그랭 리본

세로 골이 특징인 리본입니다. 1/6 스케일 인형에서는 옷보다는 가방 끈이나 손잡이로 사용합니다. 2㎜나 3㎜ 폭도 있지만, 저는 비교적 구하기 쉬운 6㎜ 폭을 사용하고 있습니다.

새틴 리본

가장 대중적인 리본으로 인형옷에 흔히 사용합니다. 폭도 1.5㎜부터 있어 다양한데, 인형에는 주로 1.5~3㎜를 사용합니다. 양면 새틴과 단면 새틴 중에서는 양면 새틴을 추천합니다.

엠브로이더리 리본

폴리에스테르나 실크로 만든 자수용 리본입니다. 2㎜ 실크 리본도 있지만 3.5㎜ 폭의 폴리에스테르 리본이 구하기 쉽습니다.
무척 부드럽고 유연해서 리본을 묶어 인형옷의 장식으로 활용합니다.

● 리본의 올 풀림 방지 처리

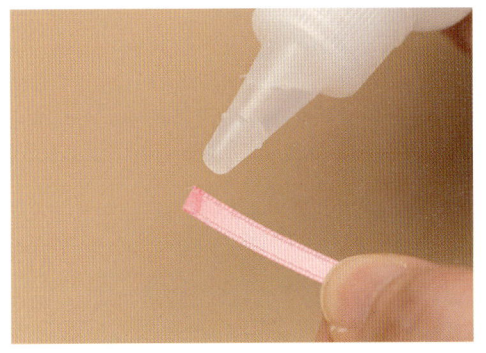

올 풀림 방지액 사용
자른 리본의 끝에 올 풀림 방지액을 바르고 건조합니다.

라이터 사용
화학섬유 리본은 라이터로 그을려서 올 풀림 방지를 할 수 있습니다. 천연섬유라면 타버릴 수 있으니 주의하세요.

작은 리본 묶는 방법

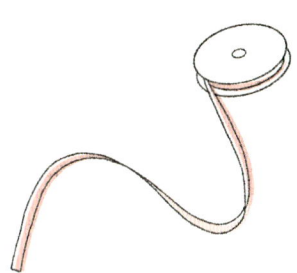

1 리본은 묶기 쉽게 좀 길게 준비합니다.

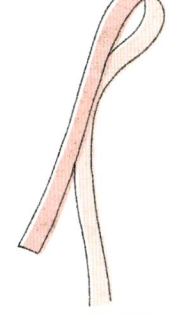

2 한쪽 끝에 고리를 만듭니다. 이때 다른 쪽의 리본을 길게 남깁니다.

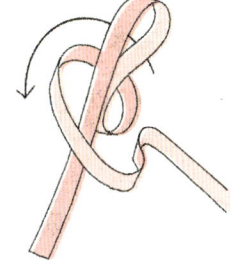

3 길게 남긴 리본을 2의 고리에 감습니다.

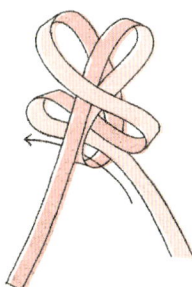

4 3에서 감은 리본을 아래 쪽 고리 안에 집어넣고 잡아당깁니다.

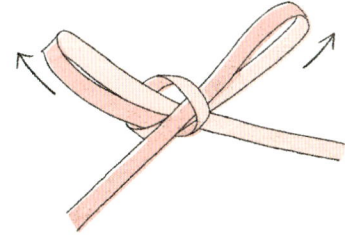

5 양쪽의 고리를 잡아당겨서 나비 모양으로 묶어 줍니다.

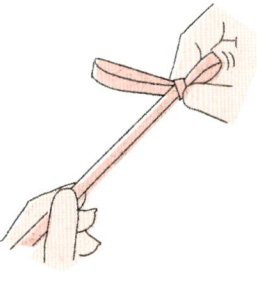

6 리본 끝을 잡아당겨, 원하는 크기로 고리를 조정합니다.

7 양쪽의 고리를 당겨서 다시 잘 묶어 줍니다.

8 원하는 길이로 리본의 끝을 자르고 올 풀림 방지를 합니다.

● 자주 사용하는 자재

장식용이 아니라, 옷의 탈착을 위해 없어서는 안 되는 자재를 소개합니다.

4골 고무테이프

몇 골 고무줄이란 고무실을 여러 개 이어서 기계로 조립한 납작한 고무줄을 말합니다. 골의 수가 많을수록 고무의 폭이 넓어지는데, 4골은 보통 3mm입니다. 인형옷의 허리 부분에 사용합니다.

벨크로 테이프

까칠한 돌기 면과 부드러운 루프 면을 겹쳐서 접착하는 자재입니다. 인형용으로는 얇은 것이 좋습니다. 인형 전문점에서는 작게 잘라 판매하는데, 저는 큰 시트형을 잘라서 사용하고 있습니다.

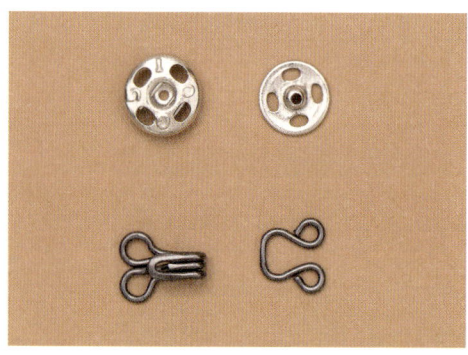

스냅단추, 걸고리후크

스냅단추는 5mm 사이즈, 걸고리후크는 0번을 사용하고 있습니다. 걸고리후크의 암컷은 많이 사용하지 않고, 수컷 후크와 실고리 조합을 애용합니다. 둘 다 흰색과 검정색이 있으니 원단 색에 맞춰 고릅니다.

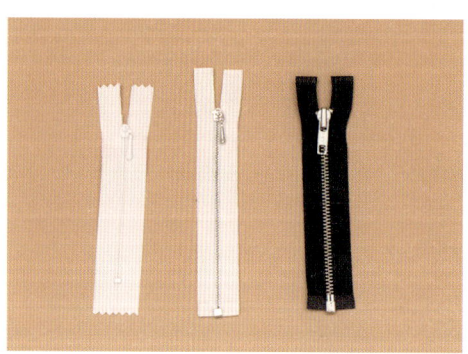

인형용 지퍼

왼쪽부터 클로즈 타입의 미니 지퍼, 오픈 타입의 미니 지퍼, 조금 사이즈가 큰 메탈 소재의 오픈 지퍼입니다. 미니 지퍼는 인형옷에 사용해도 부담스럽지 않습니다. 지퍼에 관해서는 p120 칼럼을 참고하세요.

● 그 외의 재료

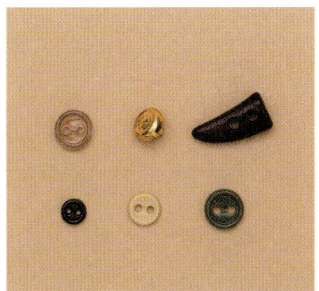

인형용 단추

최근에는 다양한 크기와 소재의 단추를 구하기 쉬워졌습니다. 1/6 스케일에는 원형 단추 3~6mm를 즐겨 사용합니다. 고리가 달린 기둥 단추나 더플코트 등에 사용하는 토글 단추도 있습니다.

인형용 버클

버클에도 여러 가지 종류가 있습니다. 사람용과 비슷한 리얼한 것이나 극히 작은 사이즈까지 있으니 용도에 맞게 고릅니다.

비즈

인형옷에서 버튼 대신 사용하는 경우가 많습니다. 특소 비즈, 둥근 소 비즈, 펄 비즈를 주로 사용합니다. 펄 비즈 3mm짜리와 실고리를 조합해 트임을 여미는 용도로 씁니다.

열 접착 스톤

다리미로 접착하는 메탈 장식입니다. 크기도 종류도 다양한데 인형용으로는 2~3mm가 좋습니다. 반구 타입은 단추 대용으로 사용해도 훌륭하고, 데님 팬츠의 태그 버튼이나 리벳으로도 활용 가능합니다.

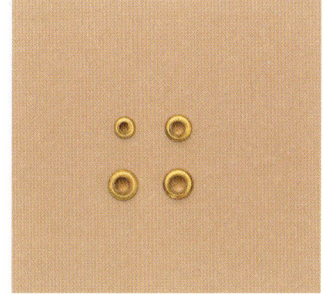

아일릿

크기가 작은 제품을 사용합니다. 작은 아일릿을 원단에 달려면 전용 공구가 필요합니다. 펀치로 원단에 구멍을 뚫고, 구멍에 아일릿의 발을 넣은 다음 전용 공구로 발을 구부리는 방식입니다. 전용 펀치도 있습니다.

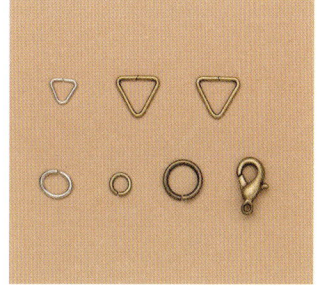

액세서리

액세서리 상점에서 파는 것 중 인형에 자주 사용하는 것을 모아봤습니다. 오링은 가방 장식이나 벨트 잠금장치에, 삼각링은 오버롤의 여밈장치에 사용합니다. 갈고리도 가방 잠금장치에 사용할 수 있습니다.

참

최근엔 작은 참도 많이 나와 있습니다. 인형용으로는 가방 장식이나 초커, 목걸이의 펜던트 등으로 사용할 수 있습니다.

자재 판매점 ※2021년 3월 현재

도구나 원단, 부자재
오카다야 https://www.okadaya.co.jp/shop/c/c10/
※인형용 자재도 취급함
유자와야 https://www.yuzawaya.co.jp/
수예센터 토카이 https://www.crafttown.jp

액세서리 파츠
파츠 클럽 https://www.partsclub.jp/
귀화제작소 https://www.kiwaaeisakujo.jp/

인형용 부자재
Pb'-factory https://www.pb-factory.jp/
IVORY https://ivorymaterials.cart.fc2.com/
Releaserain https://releaserain.jp/

다리미의 종류

일반적인 가정용 다리미를 사용해도 무방합니다만, 작업하는 환경에 따라서 인형 전용 다리미를 준비하는 것도 좋습니다. 여기서는 인형옷 만들기에 적합한 다리미와 용품을 소개합니다.

가정용 다리미

개인적인 선택 기준은 5가지로, ①무선 ②적당한 무게감 ③끝이 뾰족함 ④스팀 기능 ⑤10분 후 전원 자동 차단입니다. 스팀은 의외로 자주 사용합니다. 접는 선을 확실하게 표시하고 싶을 때, 소매산을 정리할 때 등 수시로 다림질이 필요해 작업 중에는 늘 다리미를 켜놓고 있습니다. 끄는 것을 깜빡할 때도 있어 자동으로 꺼지는 제품을 선호합니다.

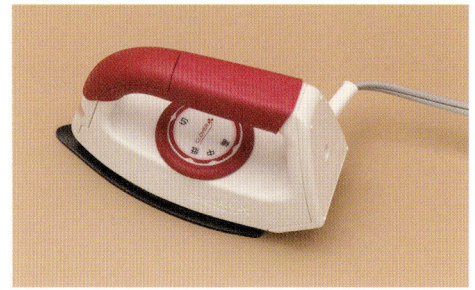
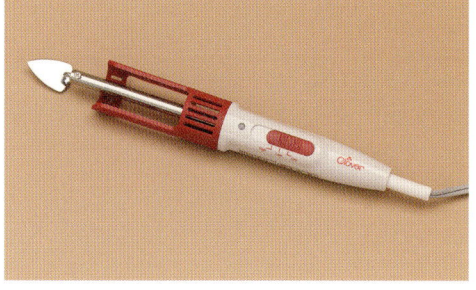

미니 다리미

콤팩트한 사이즈의 다리미입니다. 정교한 작업을 하는 데 적합해서 인형옷에도 편리하게 사용할 수 있습니다.

패치워크 인두

세밀한 부분을 눌러주는 데 적합한 수예용 인두입니다. 인형옷 전체에 쓰기보다는 특정 부분을 정리하는 용도로 사용하는 것이 좋습니다.

● 있으면 편리한 도구

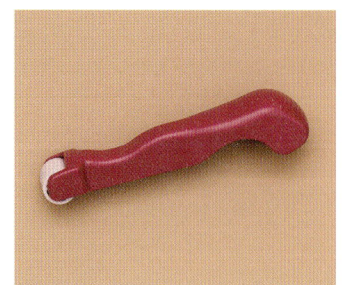

접는선 가공 스프레이

플리츠나 바지의 앞주름 등 접는선을 확실하게 표시할 때 사용합니다. 다림용 스프레이 풀도 비슷하지만, 이것이 작은 병에 들어 있어 편리합니다.

롤러 헤라

굴리듯 눌러주면 시접을 가르거나 접는 선 표시를 할 수 있습니다. 간단한 작업이라면 다리미 대용으로도 사용 가능합니다.

다리미의 용도

원단의 주름을 펴거나 접착심을 붙이는 데 사용합니다.
그 밖에도 인형옷 만들기에서는 다음의 상황에서 필요합니다.

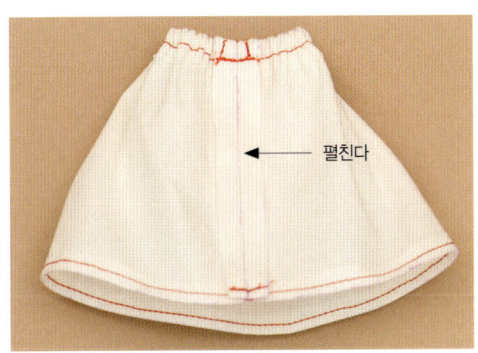

① 펼친다
시접을 양옆으로 펼칠 때 사용합니다.

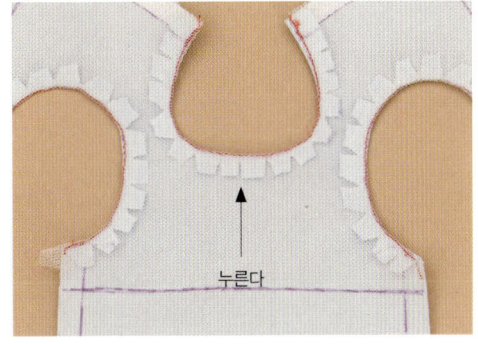

② 누른다
시접의 가위집 부분을 눌러서 모양을 고정할 때 사용합니다.

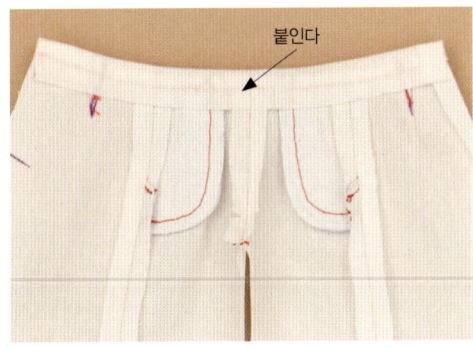

③ 붙인다
원단용 접착제 등을 바른 다음 다림질로 눌러서 붙일 때 사용합니다.

④ 접는다
다리미로 눌러서 접는선을 확실히 표시하기 위해 사용합니다.

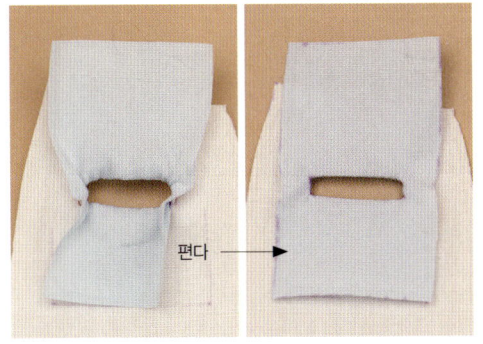

⑤ 주름을 편다
주름을 펼 때는 더 꼼꼼하게 다림질해야 합니다.

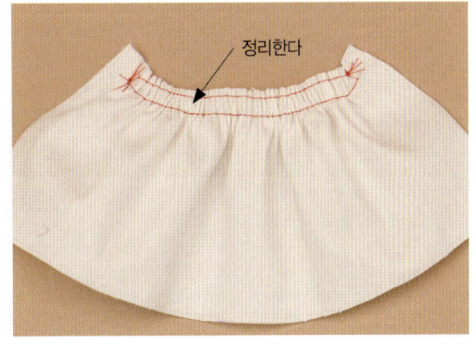

⑥ 정리한다
주름 잡은 부분의 모양을 정리할 때 사용합니다.

패턴이란?

패턴은 원단을 재단할 때 필요한 파츠의 형태를 말합니다.
많은 파츠들이 바느질로 이어서 한 장의 옷이 됩니다. 파츠의 형태뿐 아니라
많은 정보가 꽉 차 있으므로 패턴을 잘 확인하면서 작업을 해 나갑시다.

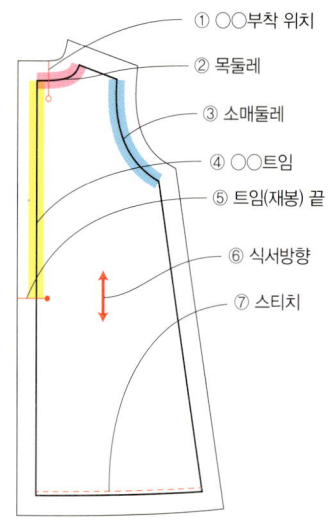

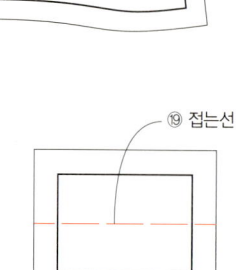

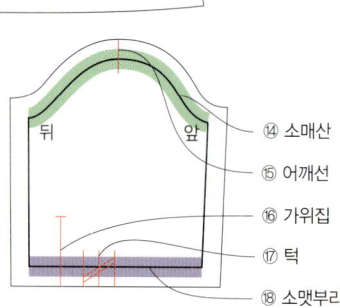

① ○○**부착 위치**…칼라나 어깨끈을 다는 위치
② **목둘레**…목의 둘레를 나타내는 선
③ **소매둘레**…소매와 몸판을 이어 붙이는 부분.
　　　　　또는 민소매의 어깨 둘레 선
④ ○○**트임**…옷의 탈착을 위한 트임 부분
　　　　뒤트임 등 해당 부분이 표시된다.
⑤ **트임 끝**…트임이 끝나는 곳, 바느질이 끝나는 곳
⑥ **식서방향**…원단의 세로 방향과 화살표 방향을 맞춰 재단
⑦ **스티치**…스티치를 넣는 위치 표시
⑧ **주름**…주름을 잡는 위치
⑨ **다트**…다트를 접는 곳 표시

⑩ **골선**…기호를 경계로 좌우 대칭으로 하라는 표시
⑪ **재단선**…재단하는 위치
⑫ **시접**…재단선에서 완성선까지의 간격
⑬ **완성선**…완성했을 때의 모양, 꿰매서 합치는 위치
⑭ **소매산**…소매의 윗부분, 소매둘레와 합쳐지는 부분
⑮ **어깨선**…몸판과 소매의 어깨를 맞추는 위치
⑯ **가위집**…가위집을 넣는 위치
⑰ **턱**…천을 접는 위치
　　　사선의 높은 쪽이 낮은 쪽의 위로 올라간다.
⑱ **소맷부리**…소매의 아래, 손목이 나오는 부분
⑲ **접는선**…접는 부분 표시

패턴의 저작권에 대하여

오리지널 패턴, 특히 책에 게재된 패턴은 저작권이 발생하는 경우가 많습니다. 책을 구입해서 개인적으로 즐기거나 가족이나 친구에게 선물하는 목적으로 패턴을 사용하는 것은 문제가 없습니다. 이런 사적 사용의 범위를 넘어 복제(작품 만들기)를 행한 경우에는 권리 침해가 됩니다. 금전이 오가는 경우(자선바자회에서의 판매 등을 포함)는 작가의 허락이 필요합니다. 서적의 경우엔(이 책은 마지막 페이지) 각 출판사가 정한 규칙이 명시되어 있습니다. 작품을 만들지 않더라도 패턴 자체나 책의 내용을 판매하는 행위 역시 권리 침해가 되니 주의해 주세요.

표시에 사용하는 도구

원단용 초크펜은 무척 많은 종류가 판매되고 있습니다. 여러 가지를 사용해 보았는데 각각의 장단점이 있었습니다. 사용할 천에 따라서도 달라지니 적절할 도구를 선택하길 바랍니다.

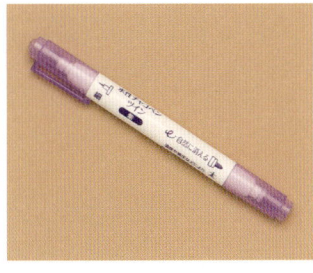

① 트윈 초크펜

시간이 지나면 지워지는 초크펜. 급할 때는 물로 지우는 것도 가능합니다. 가는 촉과 굵은 촉이 양쪽에 있는 트윈 타입입니다.

② 극세 초크펜

극세 펜촉이라 세밀한 표시에 좋은 초크펜. 역시 물로 지우는 타입입니다.

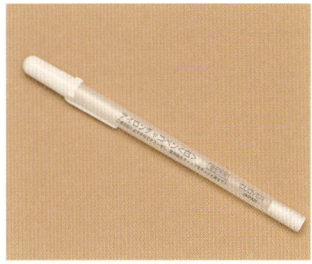

③ 다리미 초크펜

다리미의 열이나 물세탁으로 지워지는 흰색 초크펜. 짙은 색 원단에 사용하기 편합니다.

④ 샤프 타입

샤프펜슬 타입이라 세밀한 표시가 가능하고, 물이나 전용 지우개로 지워집니다. 검정, 흰색, 핑크 등 칼라가 다양합니다.

방안자

모눈종이 형태의 자로 평행선을 긋는 데 유용합니다. 표시할 때나 재단할 때도 사용합니다.

● **펜의 필기감**

① 가장 많이 사용하는 가는 펜. 원단에 따라서는 작업이 끝나기도 전에 지워져 버립니다. 하늘색, 핑크색 펜도 있는데 각각 타입이 다릅니다. 개인적으로는 보라색을 추천합니다.
② 크리스탈 심으로 가는 선도 잘 그릴 수 있습니다. 단, 물로 지우기 전에 올풀림 방지액을 바르면 잉크가 지워지지 않으니 주의하세요.
③ 짙은 색 원단용 펜. 곧바로 보이지 않고 시간이 지나서 잉크가 드러납니다. 원단에 따라서는 잉크가 영영 나오지 않는 경우도 있습니다. 다리미로 지우는 타입이지만 원단에 따라서는 흔적이 남기도 합니다.
④ ③의 경우처럼 잉크가 나타나지 않는 원단에 사용합니다. 연필과 비슷한 심이라 필기감은 딱딱합니다.

● **번외편 프릭션 볼펜**

원단용 펜은 아니지만 초크펜으로 활용 가능합니다. 원단에 그리기 무척 쉽다는 것이 장점이지만, 다리미로 지웠을 때 하얀 자국을 남겨 짙은 색 원단엔 부적합합니다. 온도가 영하로 내려가면 가끔 지워졌던 잉크가 부활하기도 합니다.

패턴 베끼는 방법

책에 게재된 패턴을 실제로 사용하는 방법입니다. 복사하는 방법과 패턴 시트에 베끼는 방법을 소개합니다.

● 복사한 패턴 원단에 옮겨 그리기

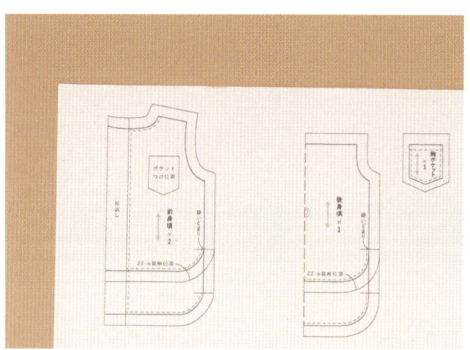

1 패턴을 복사한다
복사기를 이용해 패턴을 복사한다. 패턴에 축척이 지정돼 있는 경우엔 복사기의 설정을 지정된 비율에 맞춘다.

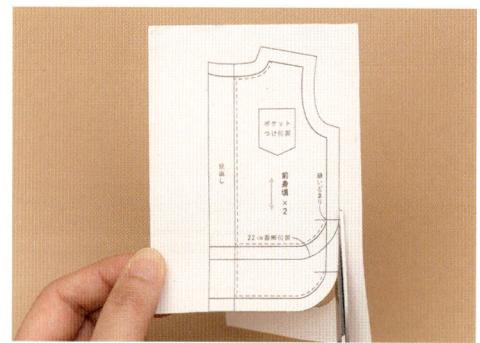

2 패턴을 잘라낸다
복사한 패턴의 가장 바깥쪽 선을 따라 자른다. 패턴을 반복해 사용하려면 두꺼운 종이에 붙인 후 잘라도 된다. (처음부터 두꺼운 종이에 복사해도 된다.)

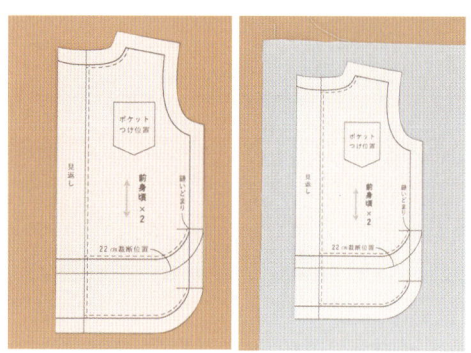

3 패턴을 원단 위에 올린다
잘라낸 패턴을 원단 안쪽에 놓는다. 딱딱한 책상 위에 원단을 놓으면 패턴이 미끄러질 수 있으니 아래에 매트를 까는 것이 좋다. ▶매트에 관해서는 p6 참고.

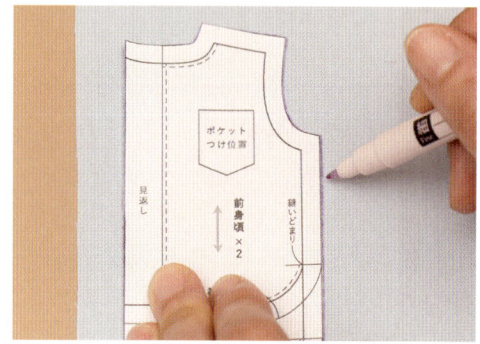

4 패턴을 옮겨 그린다
한 손으로 패턴을 누르고 초크펜으로 가장자리를 그려 나간다. 손으로 누르기 힘들다면 양면테이프를 붙여 놓고 그린다.

5 반전시켜 베낄 경우
좌우 대칭형 파츠 중 「앞몸판×2」 또는 「앞몸판×좌우 각 1」이라고 표시돼 있는 경우가 있다. 모양은 같아도 방향은 반대이므로 패턴을 뒤집어 좌우 반전시켜서 그린다.

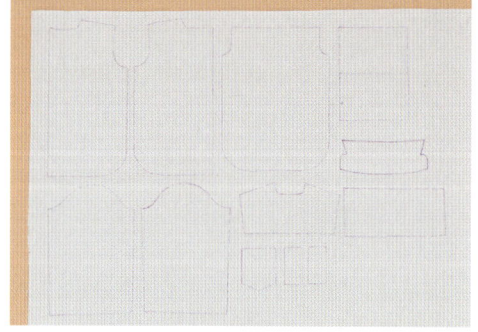

6 표시된 매수만큼 그린다
반전이 필요 없는 파츠는 표시된 매수를 방향 그대로 옮긴다. 어떤 파츠를 반전해야 할지 모르겠다면 만드는 과정 처음에 게재된 사진을 참고하면 된다.

● 골선 표시가 있는 패턴 옮겨 그리기

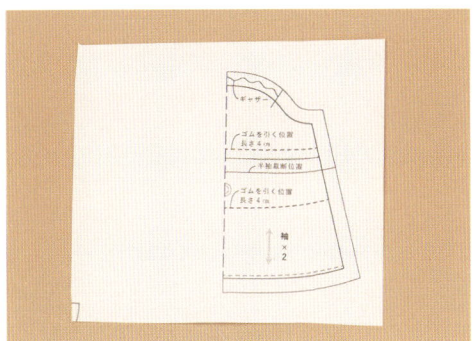

1 골선 표시가 있는 패턴
좌우 대칭의 패턴은 반만 게재돼 있는 경우가 많다. 중심에 「골선」 표시가 있다면 패턴을 반으로 접거나 원단을 반으로 접어 2겹이 된 상태에서 사용한다.

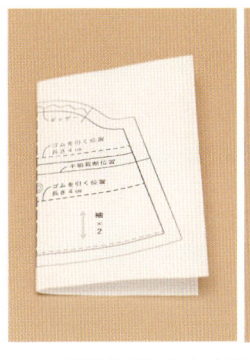

2 패턴을 접어서 자른다
패턴의 중심선을 접어서 2겹이 된 상태에서 잘라낸다. 작은 인형옷의 경우, 원단을 반으로 접는 것보다 패턴을 반으로 접어서 사용하는 것을 추천한다.

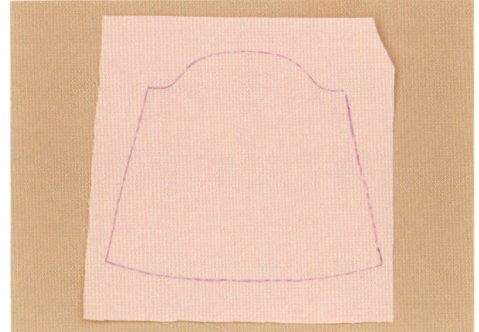

3 원단에 옮긴다
원단에 패턴을 놓고 베껴 그린다.

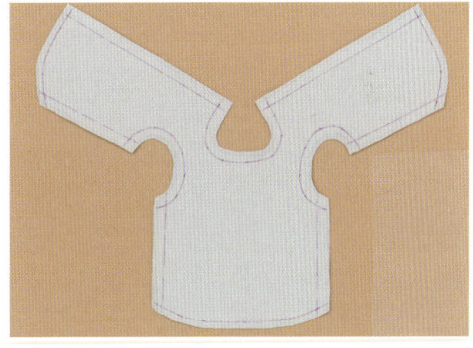

재봉틀에 익숙하지 않거나 손바느질로 할 경우, 미리 완성선을 그려놓는 것이 좋다. 완성선은 패턴을 사용해서 그리는 것이 아니라, 자를 이용해 시접의 폭을 측정해서 정확하게 그린다.

● 표시 옮겨 그리기

패턴에는 여러 가지 표시가 있어 원단에 옮겨 놓으면 작업이 편합니다. 처음부터 그려 놓으면 중간에 지워질 수 있으니 그때그때 그려 넣읍시다.

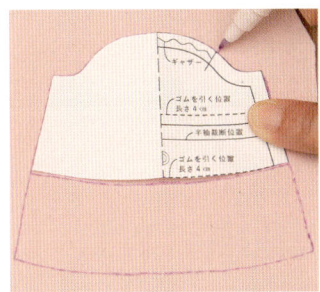  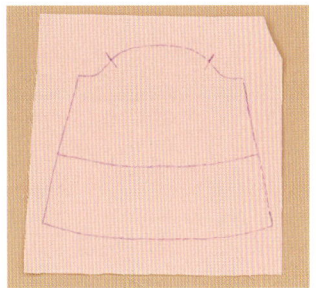

주름 위치나 트임 끝 위치 등, 시접에 쓰여 있는 표시는 패턴의 바깥쪽에 표시한다. 고무줄 선 등 패턴 안쪽에 있는 표시는 패턴을 잘라내서 선을 긋는다.

패턴이 그려지지 않은 반대편에 표시할 때는 패턴을 뒤집어서(반전시켜서) 옮긴다. 패턴 자체에 그려 두는 것도 좋다.

필요한 선을 다 옮겨 그린 모습.

● 패턴 시트를 이용해 패턴 베끼기

패턴 시트는 모눈이 인쇄된 플라스틱 시트로, 클리어파일 등으로 대체할 수 있습니다.

1 패턴 시트를 준비한다
시판되는 패턴 시트를 사용한다. 생활용품 양판점 등에서 쉽게 구입할 수 있다.

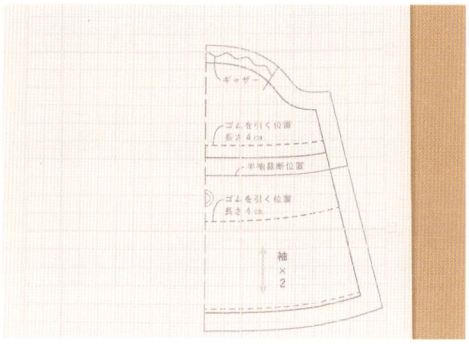

2 패턴과 패턴 시트를 겹친다
패턴 위에 패턴 시트를 놓는다.

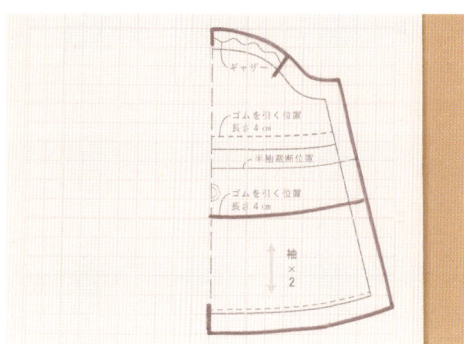

3 표시를 옮긴다
유성펜을 이용해 패턴에 있는 필요한 선들을 그린다.

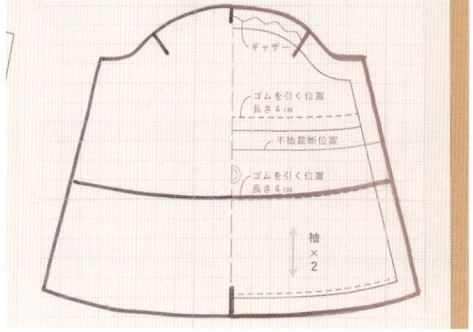

4 반대쪽도 옮긴다
반대쪽은 패턴을 뒤집어서 옮겨 그린다.

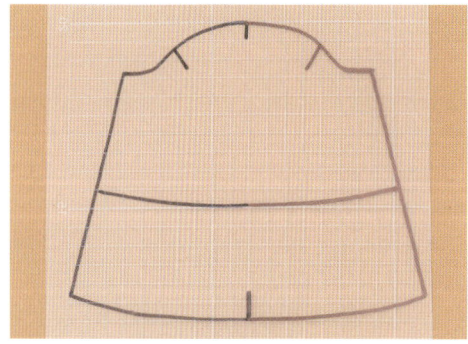

5 옮겨 그린 모습
패턴을 옮겨 그린 패턴 시트의 모습.

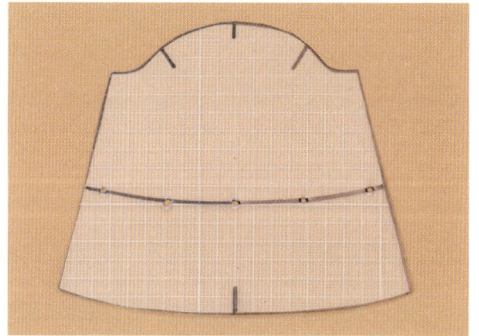

6 잘라서 구멍을 뚫는다
재단선을 따라 패턴 시트를 잘라낸다. 패턴 안에 그려진 선 몇 군데에 송곳으로 구멍을 뚫는다.

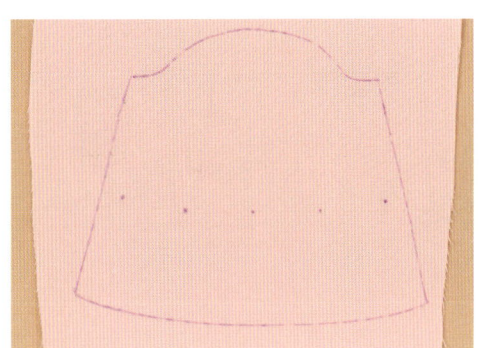

7 원단에 옮긴다
패턴 시트로 만든 패턴을 이용해 원단에 옮겨 그린다. 송곳으로 구멍을 뚫은 곳도 표시한다.

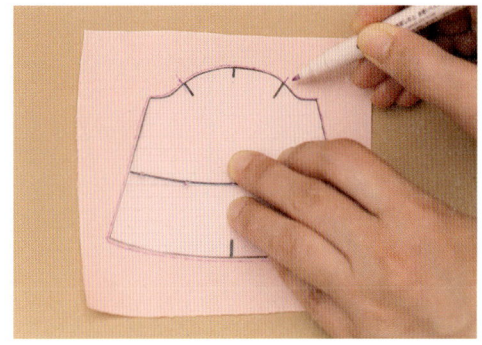

8 표시를 그린다
시접에 그려진 표시는 ▶p27「표시 옮겨 그리기」와 같은 요령으로 옮긴다.

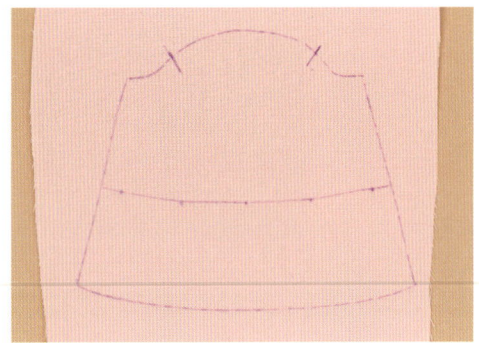

9 점을 연결한다
표시한 점들을 선으로 연결한다.

● **뒤틀리기 쉬운 원단에 옮기는 방법**

조젯 등 올이 성글고 부드러운 원단은 울고 주름이 지므로 패턴을 옮겨 그리기 어렵습니다. 이때는 원단을 빠듯한 크기로 자른 다음 작업하면 뒤틀림을 막을 수 있습니다.

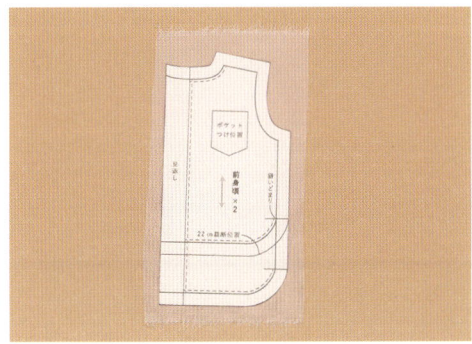

재단에 사용하는 도구

원단을 재단할 때 쓰는 도구엔 가위만 있는 것이 아닙니다.
지금부터 인형옷에 자주 사용하는 편리한 도구들을 소개합니다.

커트 워크 가위

가장 많이 사용하는 가위. 원단의 재단부터 시접 처리, 실 자르기까지 이 가위 하나로 가능하다.

재단 가위

큰 원단에서 원단의 일부를 잘라낼 때 사용한다.

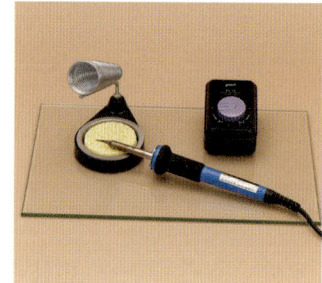

열 커터

인두의 끝이 가늘고 뾰족해서 열로 재단이 가능한 도구. 화학섬유 원단에 사용하면 재단과 올풀림 방지가 동시에 이루어진다.

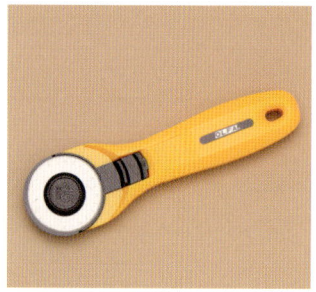

로터리 커터

원형 칼을 회전시켜서 얇은 원단도 깔끔하게 재단한다. 큰 사이즈는 원단의 직선 재단에 적합하다.

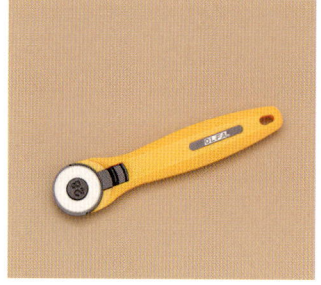

로터리 커터(S)

스몰 사이즈는 회전 각도도 작아서 작은 커브의 재단에 적당하다. 익숙해지면 가위보다 더 쉽다는 사람도 있다.

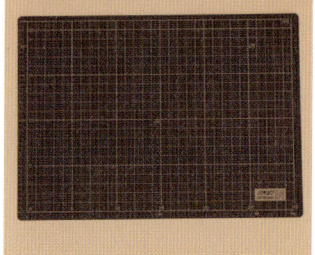

커팅 매트

로터리 커터를 사용할 때 아래에 까는 매트. 1/6 스케일 인형까지는 A4 사이즈면 된다.

종이 전용 가위

별도의 패턴용 종이 가위가 필요하다. 원단용 가위로 종이를 자르는 것은 가위 날이 망가지는 원인이 되므로 주의해야 한다.

원단의 재단

기본적으로는 가위로 각 파츠를 재단합니다만,
원단의 종류나 용도에 따라 구분해서 사용하면 더 좋습니다.

● **가위를 이용한 재단**

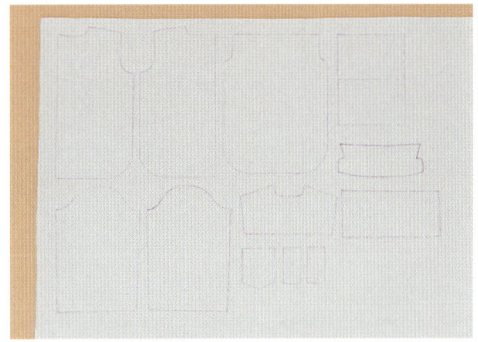

1 원단에 그린 패턴
패턴을 모두 그려 놓은 원단은 꽤 커서. 그 상태로 파츠를 하나하나 재단하는 것이 힘들 수 있다.

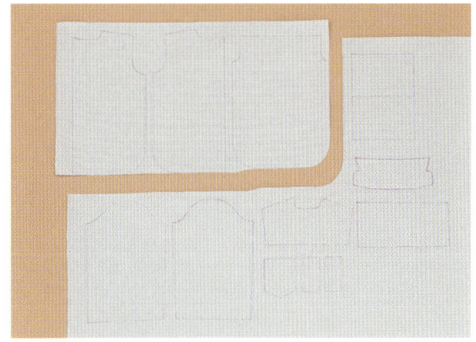

2 크게 자른다
크기가 비슷한 파츠끼리 모아서 자르면 재단이 훨씬 쉬워진다.

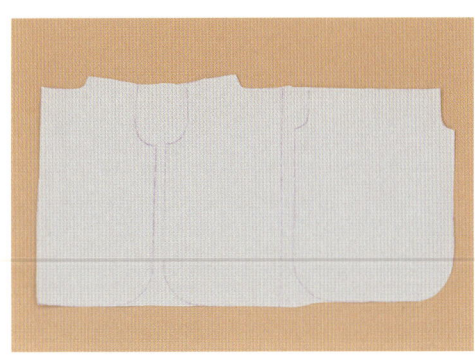

3 디테일을 자른다
파츠의 밑단이나 어깨 부분 등 나란히 배치된 파츠를 함께 자르면 작업이 효율적이다.

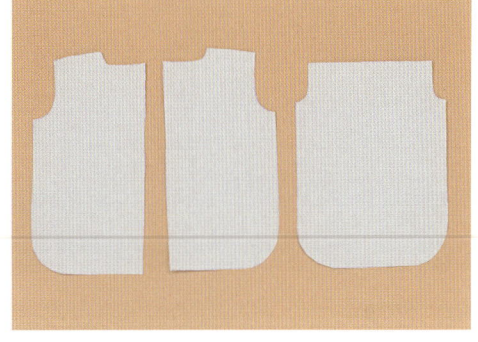

4 재단을 끝낸 모습
남아 있던 세로 방향 선을 자른다.

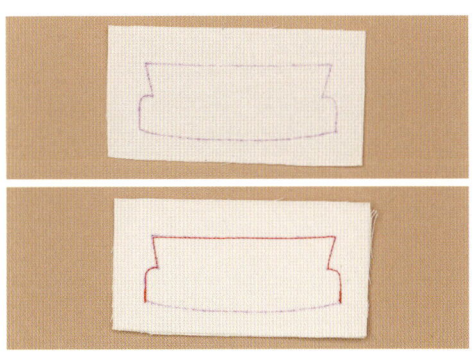

5 재단선이 없는 파츠
칼라 등 크기가 작은 파츠는 둘레에 시접이 없고 완성선이 제일 바깥의 선인 경우가 있다. 이때는 원단에 완성선을 옮겨 그리고 미리 재봉한다.

6 시접을 주고 자른다
재봉선 둘레에 2~3㎜의 시접을 주고 재단한다.

● 로터리 커터를 이용한 재단

1 직선 재단 방법

직선 재단을 할 경우엔 자를 대고 똑바로 자른다. 긴 원단을 자를 경우엔 접어서 여러 장을 겹친 상태에서 잘라도 된다.

2 세부 재단하는 방법

그려놓은 패턴의 재단선을 따라 약간 힘을 주어 칼날을 누르듯이 자른다.

● 히트 커터를 이용한 재단

1 표시에 맞춰 잘라낸다

히트 커터의 끝은 매우 뜨겁다. 열에 강한 유리판 등을 깔고 패턴의 선을 따라 잘라낸다. 원단이 녹으면서 잘라지므로 녹은 끝부분들이 들러붙지 않도록 주의한다.

2 재단 후

원단에서 패턴을 잘라낸 모습.

※히트 커터는 화학섬유에만 사용할 수 있다. 천연섬유에 사용하면 쉽게 타버리니 주의가 필요하다.

올 풀림 방지

작은 인형옷은 원단의 끝부분을 오버록 처리할 수 없습니다. 천이 너무 두꺼워져 깔끔하게 마감되지 않기 때문입니다. 원단 끝부분엔 올풀림 방지액을 사용하세요.

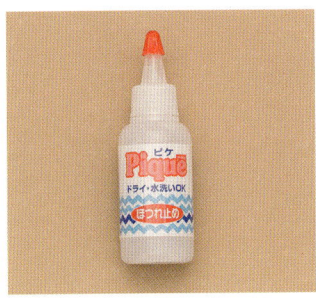

올풀림 방지액

다양한 종류가 시판 중이다. 사용감의 차이는 용기의 형태에서 나온다고 생각하지만 내용물에도 다소 차이가 있는 듯하다. (점도나 물에 약한 정도) 나오는 구멍이 크면 인형옷에는 사용하기 어려우니 작은 사이즈를 골라야 한다.

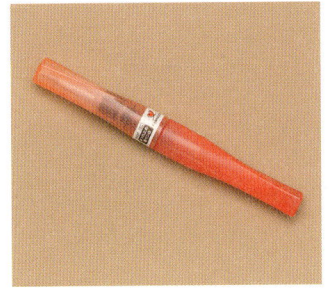

붓펜 타입

액이 나오는 끝 부분이 붓으로 되어 있는 타입이다. 사용감은 개인에 따라 다르니 자신이 편한 것을 고르면 된다.

● **올풀림 방지액 사용법**

재단선 주변에 미리 액을 바른 다음 자르는 방법도 있습니다. 원단에 따라 액이 스며드는 형태나 정도가 다르니까 자투리 원단에 시험해보고 바르는 것이 좋습니다.

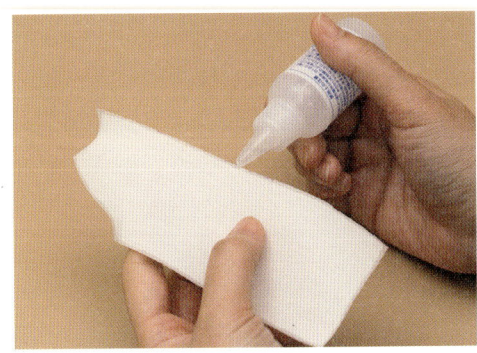

1 손으로 잡고 바르는 경우

재단한 파츠를 손으로 잡고 천의 끝에 올풀림 방지액을 바른다. 병을 많이 누르면 훅 나올 수 있으니, 누르지 말고 병을 기울여 조금씩 발라 나가는 것이 좋다. 액이 시접 이외의 부분까지 번지지 않도록 주의하자.

2 종이에 놓고 바르는 경우

큰 파츠를 손에 잡고 바를 경우 펄럭이거나 다른 곳에 묻을 수도 있어서 종이에 놓고 바르는 것을 선호하는 사람도 있다. 병을 수직으로 기울이면 액이 많이 나올 수 있으니 각도에 주의하면서 바르자.

재봉할 때 필요한 도구

바늘에도 여러 가지 종류가 있습니다.
여기서 소개하는 것은 정말 일부이지만, 인형옷에 사용하기 좋은 것들입니다.

● 손바느질용 바늘

원단이 얇을수록 바늘은 가늘어집니다. 저는 주로 얇은 천용을 사용합니다. 바늘은 길이별로도 다양한데, 자신의 손에 익숙한 길이를 고르는 것이 좋습니다.

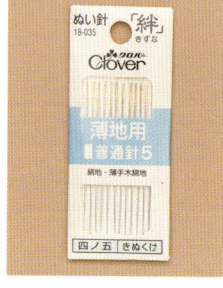
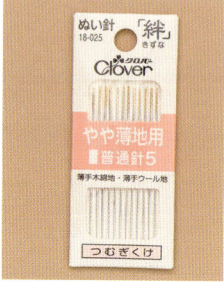
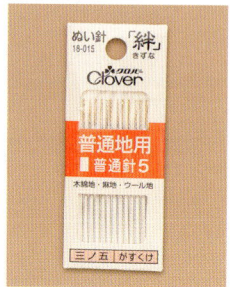

가장 얇은 천용 바늘 　　얇은 천용 바늘 　　조금 얇은 천용 바늘 　　보통 천용 바늘

● 특수 용도의 바늘

인형옷 만들기에 사용되는 특수한 용도의 바늘을 소개합니다. 통상적인 용도와는 다른 방법으로도 쓰고 있습니다.

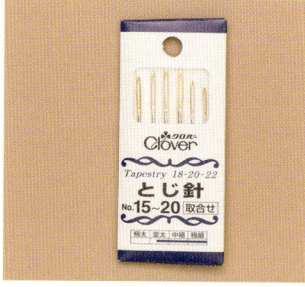

비즈용 바늘

원래는 비즈를 연결하는 바늘이지만, 인형옷 단춧구멍에 일반 바늘이 들어가지 않을 때도 유용합니다.

돗바늘

편물을 이어서 마무리할 때 사용하는 바늘입니다. 인형옷의 고무줄 끼우개 대용으로 사용하면 편리합니다.

자수 바늘

자수용 바늘입니다. 인형옷에도 자수를 놓으면 디자인 포인트가 되어 무척 귀엽습니다.

● 시침핀의 종류

인형옷에는 가늘고 짧은 것을 추천합니다. 저는 다양한 시침핀 중에서 아래 두 가지를 즐겨 사용합니다.

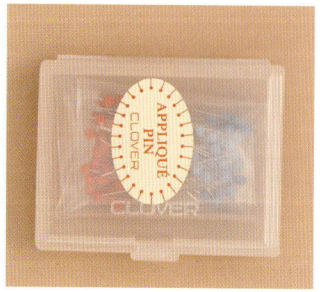

실크 시침핀 　　아플리케 시침핀

● 재봉틀 바늘

재봉틀 바늘도 원단의 두께에 따라 굵기가 달라집니다. 인형용으로는 9호를 자주 사용하지만, 원단 두께에 따라 구분해 사용하는 것이 좋습니다.

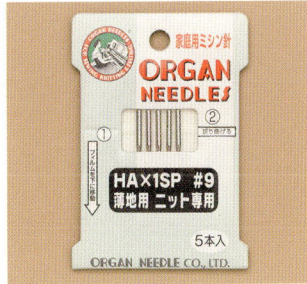
얇은 니트용 바늘

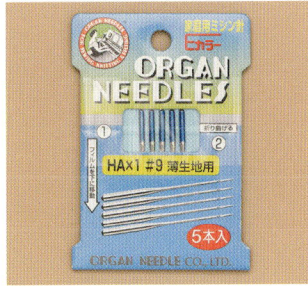
얇은 천용 바늘

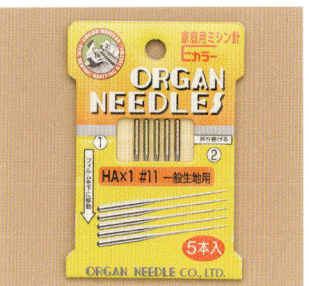
보통 천용 바늘

● 바늘 끼우개

바늘구멍에 실을 끼우기 어려울 때 사용하면 편리합니다.

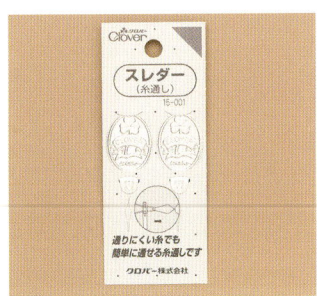
스레드

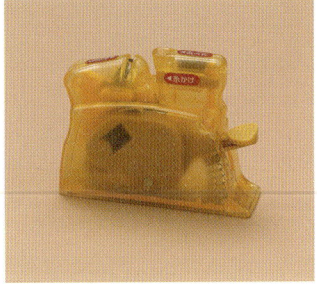
자동 실 끼우개

재봉틀용 실 끼우개

● 인형옷 만들기에 있으면 편리한 도구

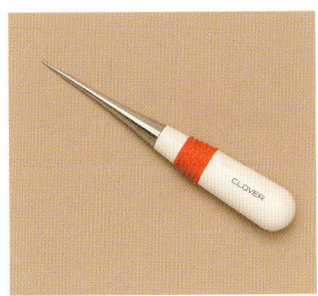
송곳

시접의 모서리를 내고, 커브 부위를 정리하고, 작은 파츠를 눌러 고정할 때 유용하다. 인형옷에서 자주 사용하는 도구이다.

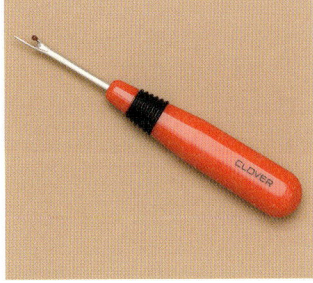
리퍼

바늘땀을 풀 때 사용하는 도구. 잘못 박았을 때나 꿰매지 않아야 할 부분을 겹쳐 꿰맸을 때 등에 사용한다.

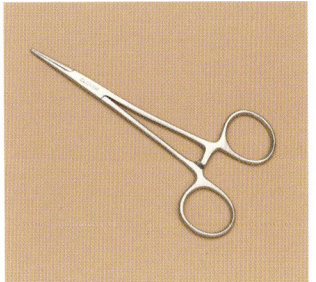
수예용 겸자

겉으로 뒤집거나 안단을 뒤집을 때 꼭 필요한 도구. 옷을 갈아입힐 때, 스커트 밑단에서 셔츠를 당길 때, 소맷부리에서 소매를 끌어당길 때도 편리하다.

실

인형옷을 만들 때 사용하는 실을 소개합니다. 기본적으로는 원단의 색에 맞추지만
딱 맞는 실이 없을 경우엔 조금 짙은 색을 고르는 게 요령입니다.

● 여러 가지 실

손바느질용 실

손바느질로 인형옷을 만들 때나 후크나 스냅단추 등 부자재를 달 때 사용한다. 시침질을 할 때도 손바느질용 실이 좋다.

재봉틀용 실 60/90번

인형옷에는 90번수와 60번수를 가장 많이 사용한다. 숫자가 클수록 가늘어지니, 천의 두께에 따라 구분해 사용하면 된다.

신축소재용 재봉틀용 실 50번

인형옷 중 양말이나 속옷 등에는 신축성이 좋은 실을 사용한다. 니트 원단을 박는다고 반드시 니트용 실을 사용하는 것은 아니다.

고강도 재봉틀용 실 60번

일반 재봉틀용 실 90번수보다 20% 정도 가늘지만 강도는 비슷해서, 보다 섬세한 옷을 만들 때 적합하다. 니트용도 있다. 사진은 후직스의 틱틱 프리미어 제품.

자수실 25번

손 자수용 실로 인형옷에는 주로 25번 실을 사용한다. 6줄의 실이 하나로 뭉쳐 있어 필요한 만큼만 뽑아서 사용하면 된다.

접착제 등

최근엔 섬유용 접착제도 여러 종류가 판매되고 있으니 용도에 맞춰 선택하세요.
크게 나누면 물에 젖으면 접착력이 없어지는 것과 유지되는 것이 있습니다.

● 타입별 접착제

인형옷은 재봉 후에 물에 적셔서 주름을 만드는 일이 많으니, 젖었을 때 떨어져도 괜찮은지 아닌지에 따라 선택하세요.

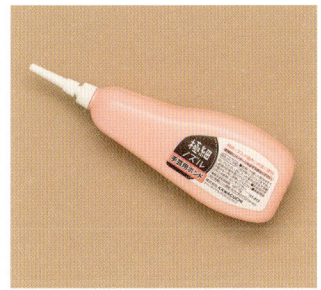

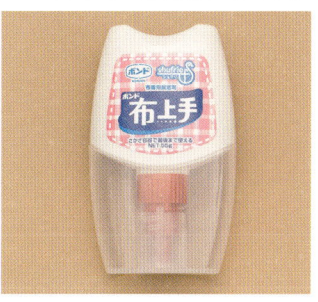

극세 노즐 원단용 접착제

물에 젖으면 접착력이 없어지는 타입. 노즐이 가늘어 디테일한 작업에 적합하다. 주로 재봉 전 임시 고정용으로 사용한다.

일반 원단용 접착제

물에 젖어도 접착력이 유지되는 타입. 보다 확실히 붙이고 싶을 때나 재봉하지 않고 접착한 상태로 완성하고 싶을 때 사용한다.

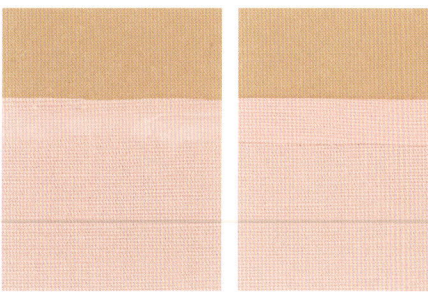

원단용 접착제 사용법 ×

원단용 접착제를 너무 많이 바르면 원단 겉으로 스며 나온다. 소량을 확실하게 펴 발라서 붙이도록 한다.

원단용 접착제 사용법 ○

소량을 확실하게 펴 준 다음 붙이면 스며 나오지 않고 깔끔하게 마무리된다.

● 양면테이프

재봉하지 않고 스커트나 바지의 밑단을 마감하거나 벨크로를 붙일 때 사용합니다. 양면테이프를 붙인 후 재봉틀로 박으면 바늘에 끈적한 성분이 묻어나오니 시침용으로는 사용하지 마세요.

섬유용 양면테이프 3mm

부직포 타입의 양면테이프로, 폭이 좁아서 시접 부분을 붙이는 데 좋다.

초강력 양면테이프 5mm

필름 타입의 양면테이프. 이 책에서는 벨크로의 접착에 주로 사용한다.

손바느질

이 책에서는 기본적으로 재봉틀로 인형옷을 만들고 있습니다만, 후크를 달거나 시침질을 하거나
손바느질이 필요한 부분도 많습니다. 전체 과정을 손바느질로 하려는 경우나
재봉틀로 박아야 하는 부분에는 온박음질을 하면 튼튼하게 완성됩니다.

바늘 꿰는 법

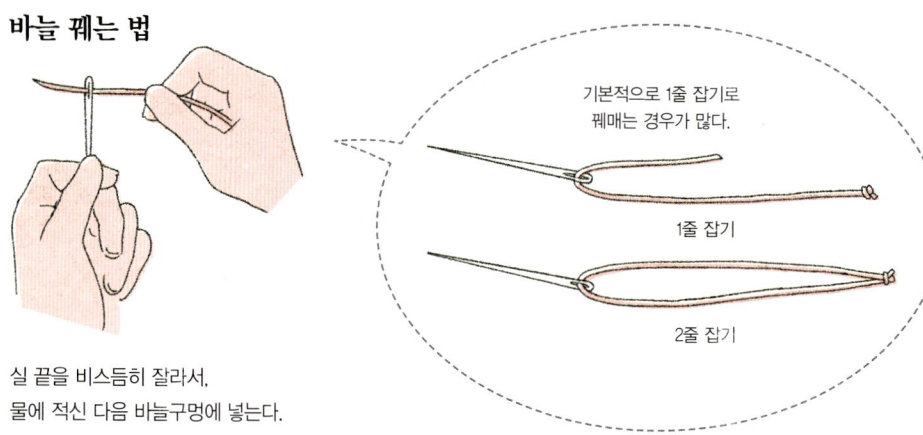

실 끝을 비스듬히 잘라서,
물에 적신 다음 바늘구멍에 넣는다.

시침핀 꽂는 법

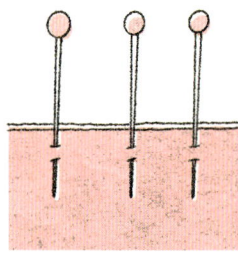

시접 방향과 수직이 되도록
조금 떠서 꽂는다.

시작 매듭

바느질 시작 전에 실의 끝을 매듭지어 묶어준다.

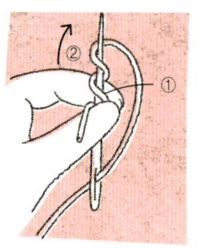
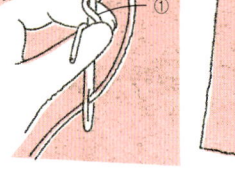

① 바늘에 실을 두 번 감는다.
② 바늘에서 실을 빼내어 매듭을 만든다.

끝 매듭

바느질이 끝나면 바늘땀이
풀리지 않도록 끝에 매듭을 짓는다.

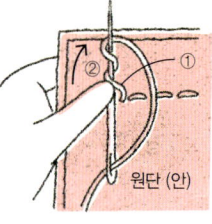
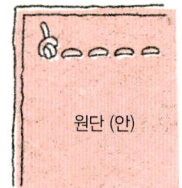

① 바늘땀에 바늘을 대고 실을 두 번 감는다.
② 실을 손가락으로 누르면서 바늘을 뺀다.

골무

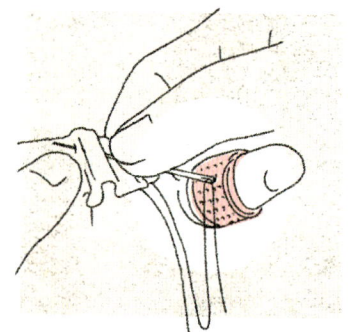

가운데 손가락에 골무를 끼고 엄지와 검지로
바늘을 잡는다. 가운데 손가락을 구부린 상태
에서 바늘 머리를 골무에 대고 바느질한다. 넓
은 면적을 손바느질 할 때 좋다.

주름홈질 · 홈질

가장 기본이 되는 바느질이다.

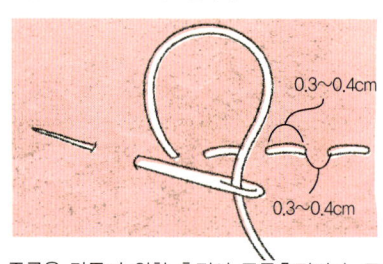

주름을 만들기 위한 홈질이 주름홈질이다. 두
가지는 같은 바느질이지만, 주름홈질의 바늘땀
이 홈질보다 긴 경우가 많다.

시침질

재봉틀로 박기 전의 임시 바느질을 말한다.

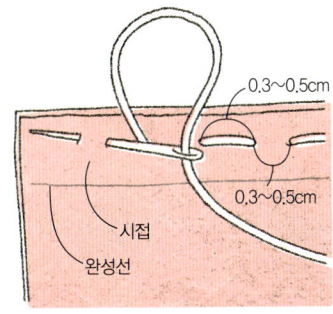

재봉틀로 박을 완성선에서 시접 쪽으로 1~2mm 위치에 시침질 한다.

온박음질

바늘땀이 튼튼하게 마무리된다.

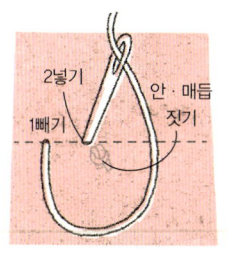 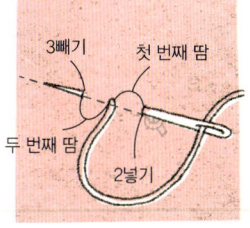 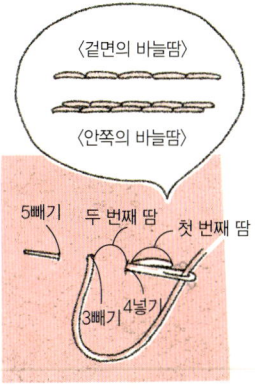

첫 번째 땀의 앞쪽으로 바늘을 빼서(1빼기) 바느질 시작점에 다시 바늘을 넣는다(2넣기).

두 번째 땀 앞쪽으로 바늘을 뺀다(3빼기).

첫 번째 땀으로 돌아가 바늘을 넣고(4넣기) 두 번째 땀 앞으로 바늘을 뺀다(5빼기). 이것을 반복한다.

감침질

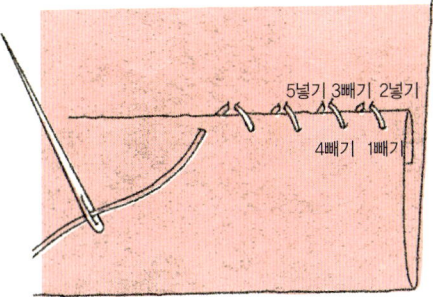

감침질은 겉에서 실이 보이지 않는다. 천의 접은 부분 안쪽에서 바늘을 빼내어(1빼기) 반대편 천을 1mm 정도 집은(2넣기 3빼기) 다음, 접은 부분 안에 바늘을 넣어 빼내면서(4빼기) 실을 당긴다.

공그르기

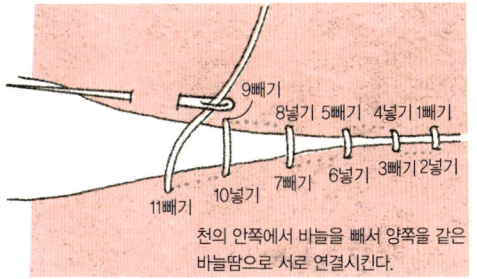

공그르기는 겉면에 바늘땀이 나오지 않도록 천을 이어 붙이는 바느질이다. 바느질을 시작할 때 매듭이 감춰지도록 안쪽 면에서 바늘을 빼낸다(1빼기).

● 자수 놓기

백 스티치

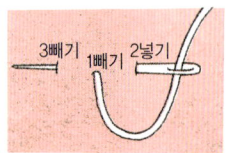 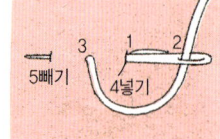

선으로 모양이나 문자를 표현하고 싶을 때 가장 일반적으로 사용하는 스티치이다.

체인 스티치

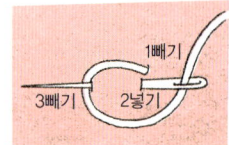 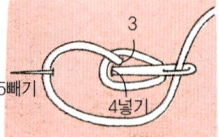

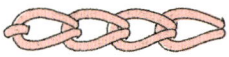

2~3을 반복한다.

선의 형태나 문자에 사용하는데 백 스티치보다 입체감이 풍부하다. 이 책에서는 탱크 탑의 장식으로 사용하고 있다.

레이지데이지 스티치

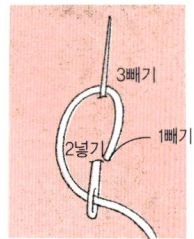 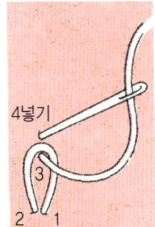

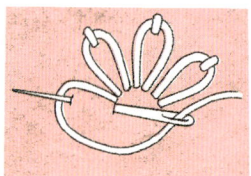

원을 여러 개 수놓으면 꽃 모양이 되고, 하나씩 놓으면 잎을 표현할 수 있다.

프렌치 도트 스티치

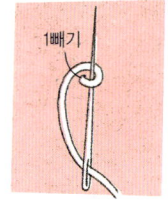 

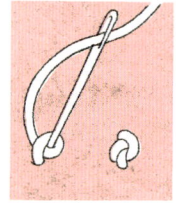 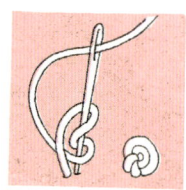

A. 1회 감기   B. 2회 감기

작은 물방울 모양이나 꽃봉오리 등의 표현에 사용한다.

자수실 다루는 법

포장용 라벨지는 그대로 둔 채, 실의 끝을 찾는다. 억지로 잡아당기면 얽히게 되므로, 살며시 잡아당겨 필요한 길이만큼 빼내어 자른다.

한 가닥의 실에는 여섯 가닥이 합쳐져 있다. 실을 풀어서 사용하고 싶은 가닥만큼 뽑아낸다. 인형옷에는 주로 '한 줄 잡기'를 사용한다.

실고리 만들기

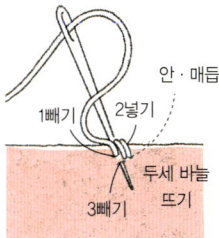 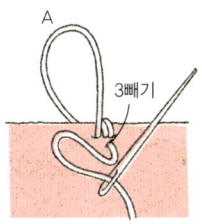 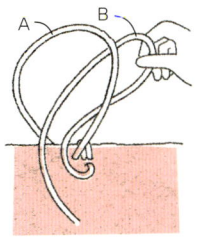 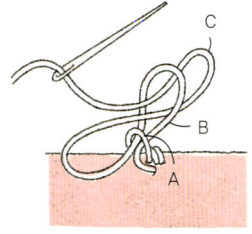

위치를 정한 후, 안에서 바늘을 빼서 천을 두세 바늘 뜨고 매듭을 만든다.

안에서 밖으로 바늘을 빼서 고리(A) 모양을 만든다.

그림과 같이 A 고리에 실을 통과시켜 B 고리를 만든다.

B 고리에 실을 통과시켜 C 고리를 만든다. 이것을 반복하여 사슬뜨기 형태를 만든다.

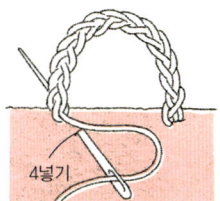

비즈나 후크가 통과할 길이가 될 때까지 사슬뜨기를 한다. 느슨한 산 모양을 만들어 천에 단단히 고정한다.

단추형 비즈 다는 법

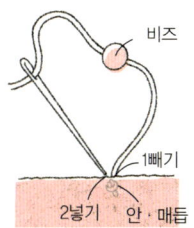 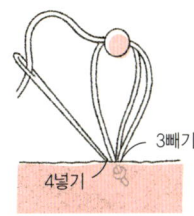 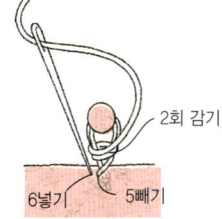

안쪽에서 바늘을 빼내어 비즈를 통과시키고, 바늘을 빼낸 위치 옆에 바늘을 넣는다(2넣기).

같은 요령으로 다시 한 번 비즈를 통과한 후 바늘을 밖으로 빼낸다.

비즈를 통과한 실을 2회 감아 잡아당긴 후, 바늘을 안쪽으로 넣어 매듭을 짓는다.

후크 달기

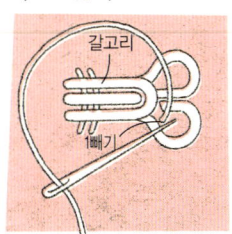 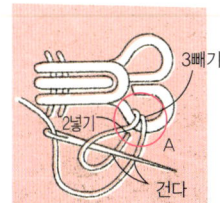 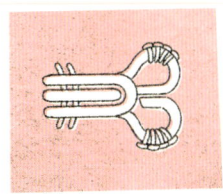 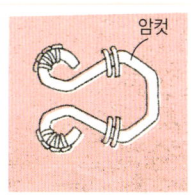

갈고리 부분을 두세 땀 꿰맨 후 '1빼기' 쪽으로 바늘을 빼낸다.

후크의 A 부분으로 가서, 고리 모양이 된 실을 걸어 잡아당긴다.

양쪽에 서너 땀씩 꿰매서 단다.

암컷 후크도 같은 식으로 달아준다.

스냅단추 달기

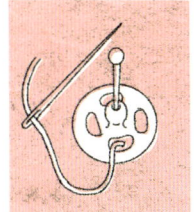 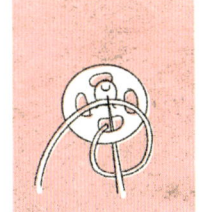 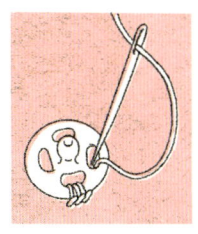 

위치를 정하고, 삐뚤어지지 않도록 중심에 시침핀을 꽂는다. 첫 번째 구멍 안쪽에서 바늘을 빼낸다.

스냅단추 안으로 한 땀 떠서, 고리 모양이 된 실에 바늘을 걸어 실을 당긴다.

하나의 구멍에 두세 땀씩 꿰매고 다음 구멍으로 이동한다.

모든 구멍을 다 꿰맨 후, 바늘을 반대쪽에서 빼내서 스냅단추 밑에서 매듭 짓는다.

재봉틀에 대하여

재봉틀에 관한 여러 가지 정보를 소개합니다.
재봉틀 초보이거나 구입할 생각이 있는 분이라면 참고해주세요.

● 재봉틀의 종류

재봉틀에는 가정용(직업용) 재봉틀과 공장 등에서 사용하는 공업용 재봉틀이 있습니다. 가정용 재봉틀 중에는 자수 재봉이나 오버로크 재봉 등 특화된 제품도 있지만, 여기서는 직선박기를 주로 하는 가정용 또는 직업용 재봉틀을 소개합니다.

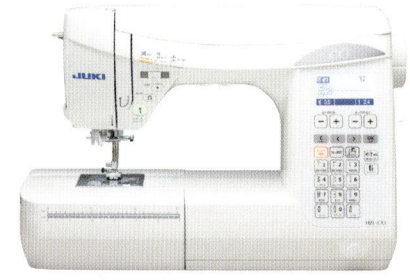

가정용 재봉틀

직선박기 외에 지그재그 박기나 장식 스티치 등 여러 가지 박음질이 가능하다. 수평 가마 방식으로 재봉틀에 직접 실토리를 세팅하는 타입이 주류이다.
※기종에 따라 기능이 다양하다.

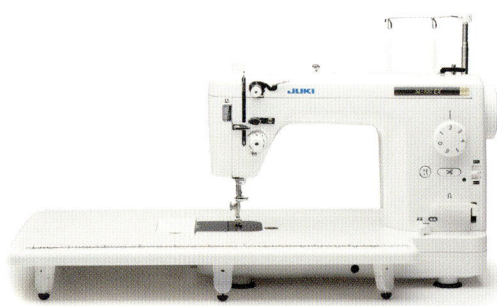

직업용(준공업용) 재봉틀

직선박기 전용이어서 깔끔한 바늘땀으로 완성되고, 두꺼운 원단도 완성도 높게 박을 수 있다. 수직 가마 방식으로 북집에 실토리를 세팅하여 사용한다.
※기종에 따라 기능은 다양하다.

재봉틀 JUKI주식회사 「SL-700EX」

● 실토리(북알)에 대하여

재봉틀의 원리는 윗실과 밑실을 얽히게 하는 것입니다. '실토리'란 밑실을 감아서 수평 가마나 북집에 세팅하는 부속품입니다. 실토리에도 종류가 있으니 보충할 때는 같은 타입을 사야 합니다. 재봉틀에는 어떤 타입의 실토리가 사용되는지 확인해 봅시다.

금속 실토리

북집에 세팅하여 사용하는 금속 재질 실토리. 반(半)회전용과 전(全)회전용이 있고 높이가 다르다. 사진은 전 회전용.

플라스틱 얇은 실토리

수평 가마에 세팅하여 사용한다.

플라스틱 두꺼운 실토리

수평 가마에 세팅하여 사용한다.

재봉틀 선택 포인트

'인형옷을 만들 재봉틀을 사고 싶다'라고 생각했다면 무엇을 골라야 할지 무척 고민될 것입니다. 보통의 가정용 재봉틀도 기본형부터 고가 제품까지 매우 다양하기 때문입니다. 상위 기종이라면 웬만한 기능을 다 갖추고 있겠지만, 처음부터 비싼 재봉틀을 사기는 어려울 수 있습니다. 그래서 「인형옷을 재봉할 때」에 필요한 포인트를 알려드리겠습니다.

① 속도조절기(발판)가 구성품으로

구성품으로 포함되지 않고 별매되는 경우도 있으므로, 처음부터 세트로 되어 있는 제품이 좋다. 발판이 없는 것은 손잡이 버튼으로 조작해야 한다.

② 재봉틀의 바늘땀 조절 기능

인형옷은 특히나 바늘땀을 작게 조절할 수 있어야 한다.

③ 재봉을 멈췄을 때 바늘이 자동으로 내려진 상태로 멈추기

설정에서 올리기·내리기 선택이 가능한 것도 있다. 인형옷은 노루발을 자주 올리며 작업하므로 바늘이 내려진 상태로 멈추는 편이 편리하다.

④ 장력 자동 조절 장치

초보에겐 장력 조절이 어려울 수 있어, 자동 조절 기능이 있으면 편리하다.

위의 4가지 조건을 갖춘 제품이라면 편하게 쓸 수 있을 것 같습니다.
지금부터는 재봉틀 브랜드 JUKI가 인형옷용으로 추천하는 재봉틀을 소개하겠습니다.

● 인형옷을 위한 가정용 재봉틀

「HZL-CX3」

추천 포인트

① 슬라이드 바늘판: 바늘구멍이 직선용의 원형 구멍으로 바뀌는 기능. 박기 시작한 원단의 끝이 바늘구멍에 끼는 경우도 없고, 얇은 천도 예쁘게 박을 수 있다.

② 0.7㎜ 단춧구멍: 단추 크기뿐 아니라 단추 두께에 맞는 구멍을 만들 수 있다. (인형옷에 편리한 0.7㎝~ 가능)

③ 추천 옵션: 슬라이드식 파이핑 노루발은 폭이 좁고 누르는 위치도 쉽게 조절할 수 있어 인형옷에 지퍼를 달 때도 좋다. (슬라이드 바늘판에도 사용 가능)

● 직업용(준공업용) 재봉틀

「SL-700EX」

추천 포인트

① 굵은실 텐션: 두꺼운 원단의 경우, 이 실 안내에 굵은 실을 거는 것으로 실 장력을 조이지 않아도 실 조임이 좋은 깔끔한 바늘땀으로 완성된다. (인조가죽 등 하드한 소재나 시접이 두꺼운 인형옷에 추천)

② 플로트 기능(미세 노루발 띄우기): 노루발을 0~2mm 띄워서 박을 수 있어, 퀼트·벨벳의 박음질이나 니트 원단이 늘어나지 않게 재봉할 수 있다. 두꺼운 원단의 끝부분을 넘어갈 때도 좋다.

③ LED 램프 광량 조절: 바늘 부근의 스위치로 밝기 조절이 가능하다.

매력적인 기능이 많아서, 저도 새 재봉틀을 갖고 싶어지네요. 자신이 만들고 싶은 옷의 종류, 빈도, 인형옷 이외의 물건을 만들지 여부를 잘 생각한 후에 예산에 맞는 재봉틀을 고르시면 됩니다.

※본 페이지는, 2021년 3월 기준의 정보입니다.

재봉틀 부분과 기능

전자식 재봉틀은 박는 기능뿐 아니라 다양한 기능이 포함되어 있습니다.
재봉틀에 따라 명칭이나 기능이 다를 수 있지만, 일단 기본 기능을 확인해 봅시다.

● **재봉틀의 부위와 기능**

기본적인 재봉틀의 기능과 부위를 알아두면 좋습니다. 메이커에 따라 명칭은 다르지만, 기본적인 기능은 동일합니다.

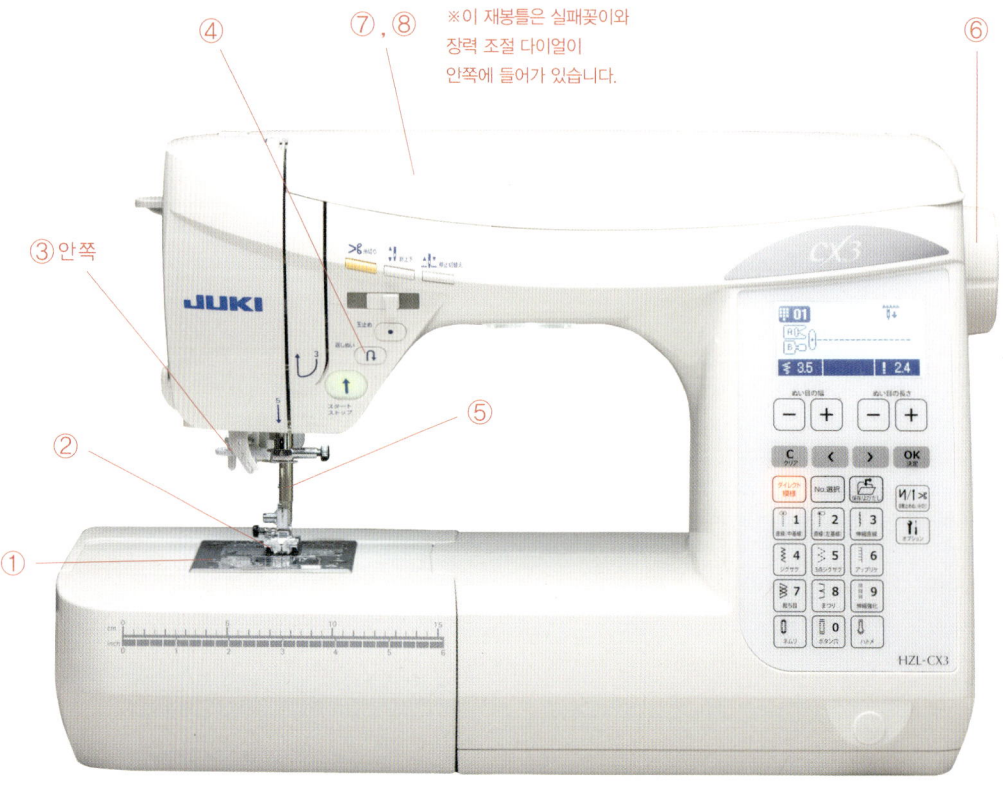

※이 재봉틀은 실패꽂이와 장력 조절 다이얼이 안쪽에 들어가 있습니다.

재봉틀 JUKI주식회사 「HZL-CX3」

① **수평가마**
밑실을 감은 실토리를 넣는 가마

② **노루발**
원단을 누르기 위한 금속 부속

③ **노루발 레버**
노루발을 올리고 내리는 레버

④ **되박음 버튼**
버튼을 누르기만 하면 되돌아박기가 가능

⑤ **바늘**
재봉틀 전용 바늘 장착

⑥ **풀리(핸드휠)**
돌리면 바늘이 상하로 움직인다. 수동으로 조작하고 싶을 때 사용

⑦ **실패꽂이**
밑실을 감을 때 사용

⑧ **장력 조절 다이얼**
실의 장력을 조절할 때 사용

바늘땀과 실의 장력에 대하여

실의 장력이란 윗실과 밑실이 서로 잡아당기는 힘을 말합니다.
윗실과 밑실의 당기는 힘이 균등해야 바늘땀이 깔끔해집니다.

● 바늘땀의 길이

인형옷을 만들 때는 바늘땀의 길이를 1~1.5mm 정도로 짧게 설정합니다.
2mm만 되어도 조금 길게 느껴집니다.
주름용 재봉을 할 때는 바늘땀을 3~4mm 정도로 설정합니다.
원단이 잘 밀리지 않아 땀이 막힐 우려가 있다면 살짝 길게 설정하기도 합니다.

● 실의 장력

원단을 박기 전에 반드시 실의 장력을 체크합시다.
자투리 원단에 시험 재봉을 해보는 것이 가장 좋습니다.
장력이 좋지 않을 때는 윗실 조절 다이얼을 돌려 조정합니다.
수평가마 재봉틀은 기본적으로 밑실 조절이 불가능하고,
수직가마는 북집의 나사를 돌려 강도를 조절할 수 있습니다.
자동 실 조정 기능이 포함된 재봉틀도 있으니
자세한 내용은 설명서를 참조하세요.

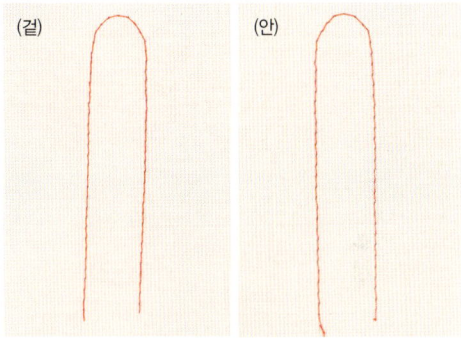

밸런스가 잘 맞는다

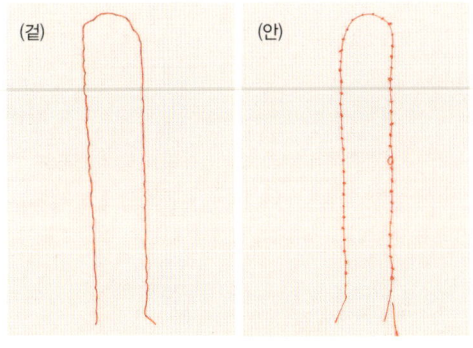

밑실이 강하다

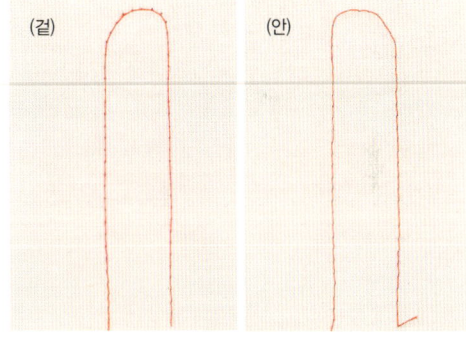

윗실이 강하다

● 실과 바늘의 상성

사용하는 실과 바늘이 잘 맞지 않으면 실의 장력에 영향을 미칩니다.
얇은 원단의 경우엔 90번수 실과 9호 바늘의 조합이 좋습니다. 인형옷에서는 이 조합을 가장 많이 사용합니다. 중간 두께 원단에는 60번수 실과 11호 바늘을 맞춥니다. 스티치를 보다 섬세하게 완성하고 싶을 때는 90번수 실에 11호 바늘을 맞추는 경우도 있습니다.

2장
인형옷 재봉 기법의 모든 것

드디어 재봉을 시작합니다.
초급, 중급, 상급으로 나눠져 있으니
차근차근 밟아 나가도록 합시다.

초급자편 ··· p47
중급자편 ··· p73
상급자편 ··· p107

Image.1 ··· p66
Image.2 ··· p121

Process
「고무줄 스커트」 ··· p67
「탱크 탑」 ··· p70
「턱 팬츠」 ··· p128
「퍼프 소매 원피스」 ··· p134
「플리츠 랩스커트」 ··· p140
「셔츠」 ··· p145
「후드 코트」 ··· p152

초급자편

재봉틀의 기본적인 재봉 방법과
인형옷에 필요한 기법들을 배웁니다.

- 재봉틀 바느질의 기본 … p48
- 얇은 원단(두꺼운 원단), 작은 파츠 재봉 방법 … p51
- 주름 잡는 방법 … p52
- 다트 재봉 방법 … p54
- 턱 재봉 방법 … p55
- 시접의 처리 … p56
- 목둘레, 소매둘레의 안단 처리 … p58
- 고무테이프 사용방법 … p62

Image.1 … p66
Process 「고무줄 스커트」… p67
　　　　「탱크 탑」… p70

재봉틀 바느질의 기본

재봉틀의 기본 바느질 방법을 소개합니다.

● **박음질 시작과 끝의 작업: 되돌아박기**

1 바늘을 내린다
박음질 시작할 부분에 바늘을 내린다. 윗실과 밑실은 바늘의 뒤쪽으로 빼 둔다.

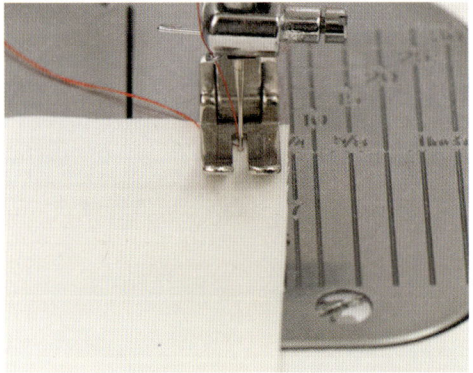

2 노루발을 내린다
노루발을 내린다. 재봉 시작할 때 윗실과 밑실을 손으로 눌러두면 밑실이 엉키지 않는다.

3 1㎝ 정도 재봉한다
짧게 박는 것이 어렵다면 처음엔 풀리를 돌려서 박아도 된다. (※잘 볼 수 있게 노루발을 올린 상태)

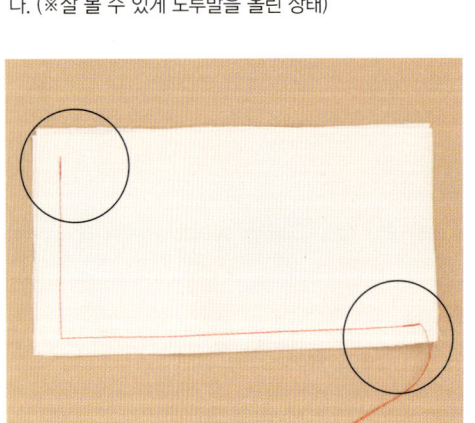

4 되돌아온다
되돌아박기 기능이 있는 경우엔 해당 기능을 이용해 1㎝ 정도를 되돌아박기 한다. (※잘 볼 수 있게 노루발을 올린 상태)

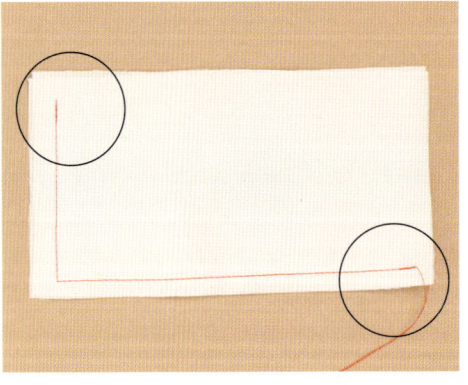

재봉의 시작과 끝에는 되돌아박기를 해서 실이 풀리는 것을 방지합니다.

● 직선박기

가장 기본이 되는 재봉법. 재봉 패턴의 설정에서 '직선박기'를 선택합니다.

되돌아박기를 해서 처음 위치로 돌아왔다면, 손을 노루발 앞에 놓고 직선박기를 시작합니다.

재봉틀이 자동으로 원단을 밀어주므로 무리하게 당기지 말고 방향만 조정하세요.

노루발의 폭이나 재봉틀에 달려 있는 가이드로 시접의 폭을 측정할 수 있지만, 익숙하지 않을 때는 시접 위치에 선을 그어두는 것이 좋습니다.

● 직각박기

1 모서리에서 노루발을 올린다

직선박기를 하면서 회전해야 할 모서리까지 왔다면 바늘을 내린 채로 노루발을 올린다.

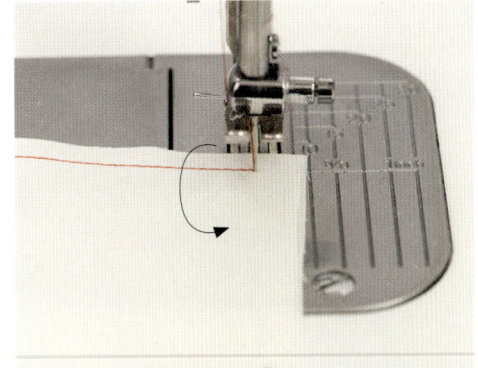

2 원단을 90도 돌린다

원단에 바늘이 내려진 채로 원단을 직각으로 회전시킨다.

3 노루발을 내린다

원단이 반듯하게 회전되었다면 노루발을 내린다.

4 다시 직선박기를 한다

방향을 바꾼 후 다시 직선박기를 이어간다.

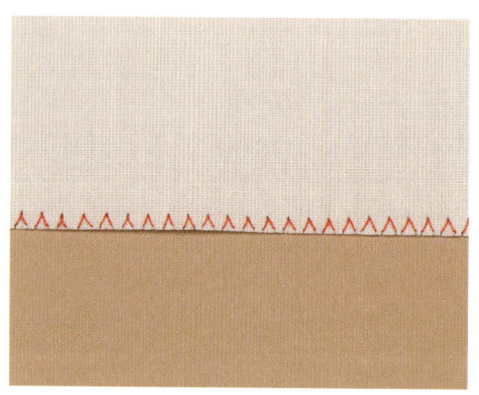

● 지그재그박기

재봉틀의 재봉 패턴에서 '지그재그박기'를 설정합니다. 재봉의 시작은 직선박기와 거의 같습니다. 바늘이 지그재그로 움직이므로 바늘을 내리는 위치에 주의합시다. 천의 가장자리에 적용해 올풀림 방지 목적으로, 또는 모양 스티치로 활용할 수 있습니다.
1/6 스케일의 인형옷에는 스커트 밑단 등 긴 직선의 가장자리 처리, 데님 팬츠 등 세탁 가공하는 아이템의 단 처리에 이용합니다.

● 커브박기

1 커브 직전에서 멈춤

인형옷에 자주 등장하는 작은 커브를 능숙하게 한 번에 박기는 어려우므로, 커브 시작 직전에 일단 멈춘다.

2 노루발을 올려 확인한다

커브를 따라 조금 박고, 노루발을 올려서 방향을 확인하고 다시 내려서 박기를 반복한다.

3 조금씩 박는다

한 번에 박으려 하지 말고 멈췄다 박고, 멈췄다 박고를 반복하며 천천히 진행한다.

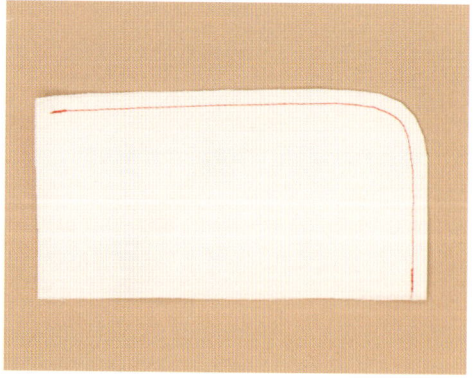

4 완성

커브 부분이 깔끔하게 처리된 모습

얇은 원단(두꺼운 원단), 작은 파츠 재봉 방법

얇은 원단이나 작은 파츠는 얇은 종이를 깔고 박으면 훨씬 쉽습니다.
저는 조금 얇은 복사용지를 애용하고 있습니다.

● **얇은 원단의 예**

1 천 아래 종이를 깐다
종이를 아래에 깔면 원단이 잘 밀려 박음질이 쉬워진다.

2 종이 결에 따라 박는다
종이의 섬유 방향(깨끗하게 찢어지는 방향)에 맞춰 박음질
하면 종이를 떼어내기 쉽다.

이쪽으로 종이를 당긴다

3 종이를 떼어낸다
바늘땀에 따라 종이를 떼어내고, 반대쪽도 살짝 당겨서 종
이를 모두 제거한다.

4 박음질이 끝난 모습
쉽게 밀리는 얇은 원단도 깔끔하게 박을 수 있다.

> 작은 파츠에 종이를 덧대면
> 손으로 누를 수 있는 면적이 넓어지고
> 재봉하기도 한결 쉽습니다.
> 원단이 너무 두꺼워서 박기 힘들 때도
> 같은 방법으로 종이를 덧대면 작업이
> 쉬워지는 경우가 있습니다.

주름 잡는 방법

재봉한 실을 당겨서 주름을 잡는 기법입니다. 인형옷에서는 스커트나 소매 등에 사용합니다.
재봉틀로 하는 방법이 일반적이지만, 손바느질로도 가능합니다.

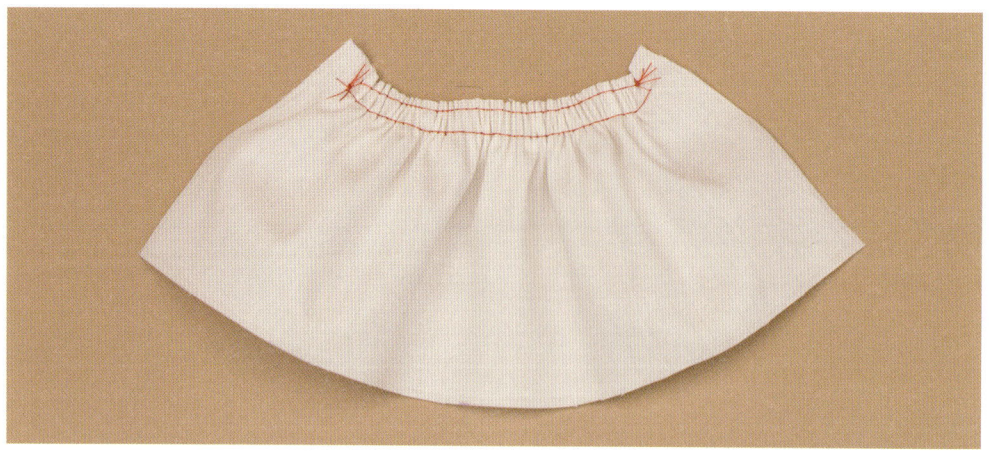

● 재봉틀의 경우

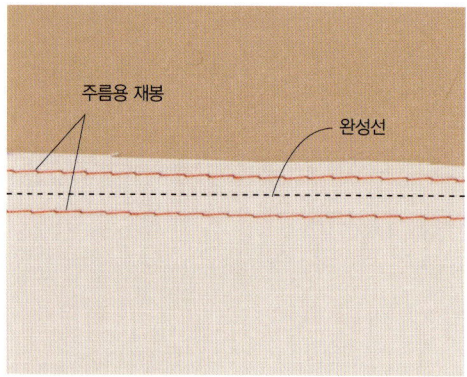

1 주름용 재봉을 한다
바늘땀을 3~4mm로 크게 한다. 완성선의 위아래에 평행선을 2줄 박고, 재봉 마지막에 윗실과 밑실을 10cm 정도 남기고 자른다.

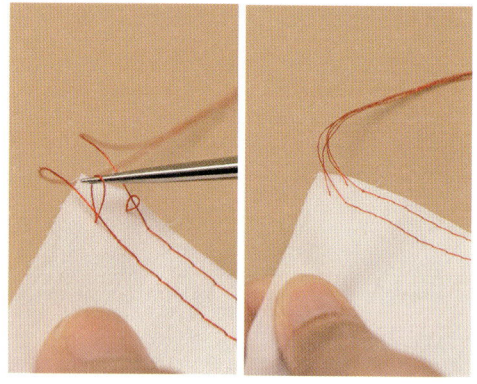

2 밑실을 당긴다
송곳을 이용해 마지막 바늘땀의 밑실을 건져서(좌) 빼낸다(우).

3 윗실과 밑실을 각각 나눠서 묶는다
재봉 시작 부분의 실을 나눠서 풀리지 않게 꽉 묶는다.

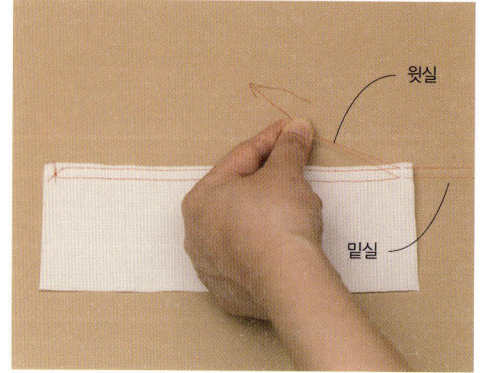

4 윗실과 밑실을 나눈다
재봉 끝 부분의 윗실과 밑실을 나눈다.

5　밑실을 당겨 주름을 잡는다
밑실을 당기면 자연스럽게 주름이 잡힌다.

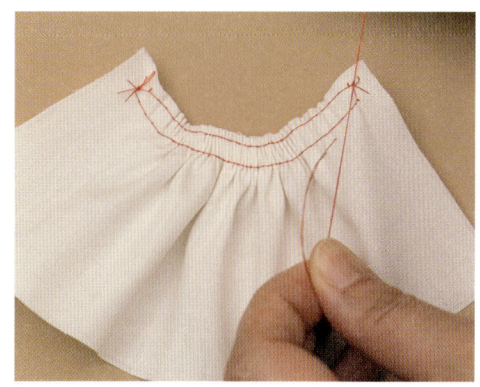

6　실을 묶는다
원하는 길이로 주름이 잡히면 실을 꽉 묶어서 고정한다.

● **손바느질의 경우**

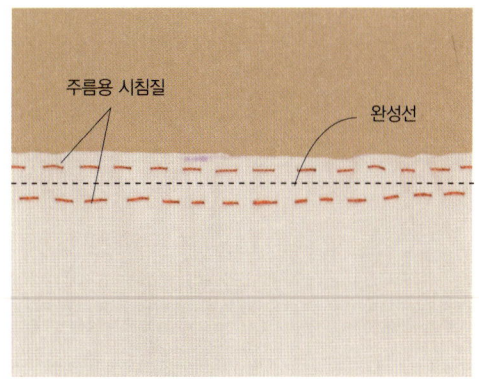

1　시침질을 한다
완성선의 위아래에 평행선 2줄을 시침질한다. 시침질이 끝난 부분에 실을 10㎝ 정도 남기고 잘라 매듭짓는다.

2　실을 당겨 주름을 잡는다
2줄의 실을 동시에 당겨서 고르게 주름을 잡는다.

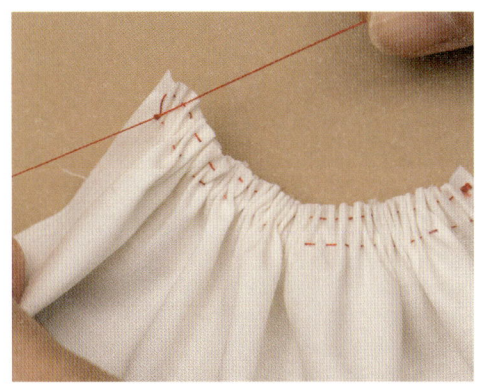

3　실을 묶는다
원하는 길이로 주름이 잡히면 실을 매듭지어 고정한다.

4　완성
주름 모양을 정리하고 다림질한다. (재봉틀로 주름 잡을 때도 동일)

다트 재봉 방법

다트란 천의 일부분을 삼각형으로 집어서 입체감을 살리는 기법입니다.
인형옷에는 팬츠의 허리, 몸판의 가슴 부분에 자주 사용합니다.

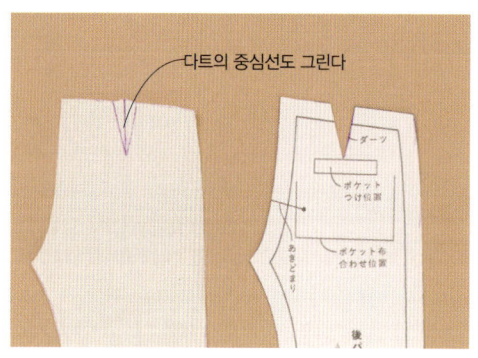

1 패턴을 준비한다
패턴의 다트 부분을 오려내어 원단에 놓고, 다트의 표시를 그린다.

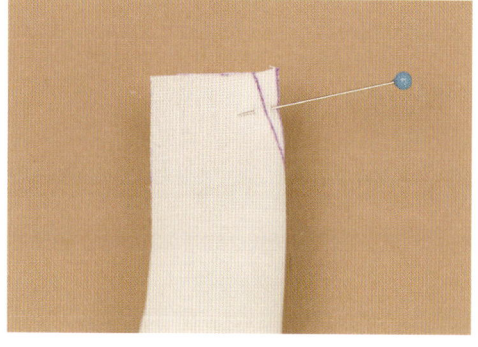

2 반으로 접는다
겉과 겉이 마주 닿게 다트를 접고, 표시에 맞춰 시침핀으로 고정한다.

3 다트를 재봉한다
다트의 완성선을 박는다.

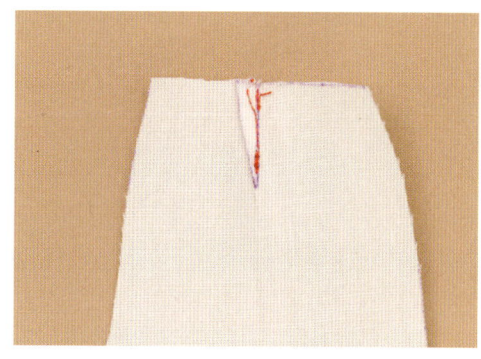

4 시접을 눕힌다
다림질로 시접을 눕힌다. 눕히는 방향은 겉에서 봐서 좋은 쪽으로 선택한다. 이때 시접이 좌우로 흐트러지지 않도록 주의한다.

5 완성
겉에서 본 모습.

턱의 재봉 방법

턱(Tuck)이란 원단을 집거나 접어서 만든 주름을 말합니다.
인형옷에는 팬츠나 스커트의 허리, 소맷부리 등에 자주 사용합니다.

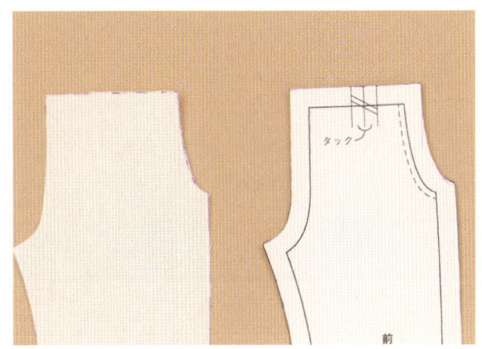

1 패턴을 준비한다
턱 주름이 들어간 패턴을 준비한다.

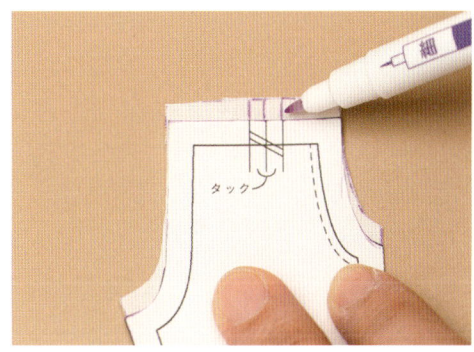

2 표시를 옮겨 그린다
원단에 패턴을 올리고 표시를 옮긴다.

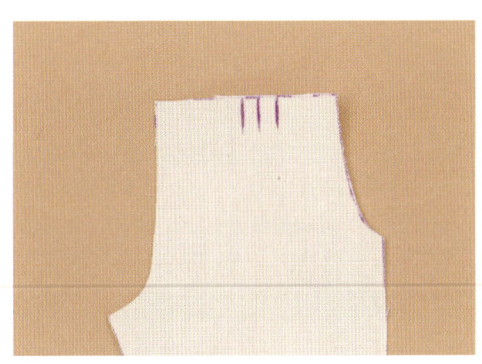

3 원단에 표시한 모습
턱의 3줄 선만 그리면 된다. 사선은 접는 방법 표시이니 그리지 않아도 된다.

4 턱을 접는다
패턴의 사선을 기준으로 높은 쪽이 위로 오도록 접는다.

5 다림질한다
접은 부분을 다림질해서 고정한다.

6 완성
턱 주름을 겉에서 본 모습.

시접의 처리

사이즈가 작은 인형옷은 시접 처리 방법에 따라 완성도가 달라집니다.
시접 처리에 자주 사용하는 기법을 소개합니다.

● **시접을 가른다**

시접이 겉면에서 두드러지지 않도록 양쪽으로 펼쳐서 평평하게 만든 다음 다림질로 확실하게 눌러줍니다.

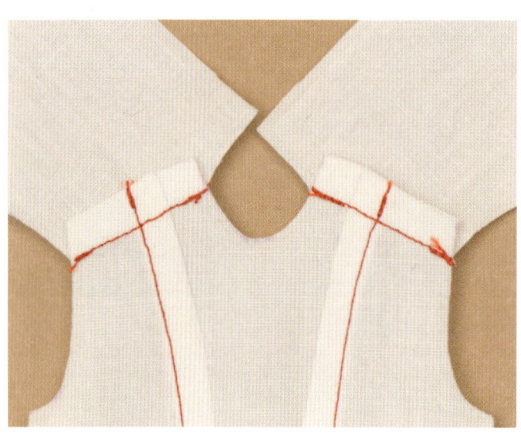

● **시접을 한쪽으로 눕힌다**

포켓처럼 시접 부분에 원단이 겹쳐 있는 경우엔 시접을 펼치면 오히려 더 두드러질 수 있습니다. 이때는 시접이 자연스럽게 눕는 방향으로 눕히고 다림질합니다. 스티치로 고정해도 됩니다.

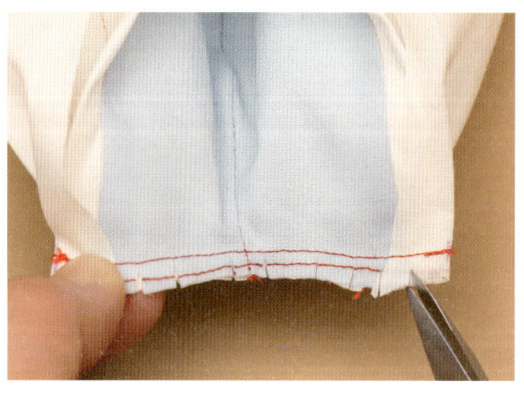

● **시접에 가위집을 넣는다**

목둘레, 겨드랑이 등 인형옷에서는 시접에 가위집을 넣는 경우가 많습니다. 사이즈가 작아 가위집을 넣지 않으면 천이 당기기 때문입니다. 가위집을 넣을 때는 재봉한 부분이 잘리지 않게 주의해야 하지만, 너무 조심해 가위집이 적게 들어가면 옷이 우는 원인이 됩니다.

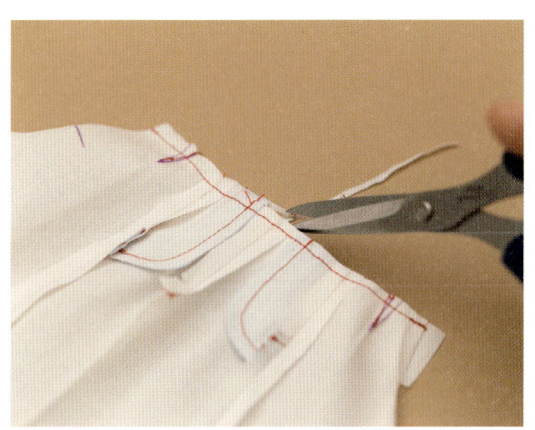

● 시접을 자르는 경우 ①

인형옷의 시접은 보통 5mm를 줍니다. 그런데 허리에 시접 5mm를 주고, 여기에 5mm 폭의 허리벨트를 단다면 벨트 부분이 너무 두꺼워질 수 있습니다. 이럴 때는 시접을 2mm 정도 잘라냅니다.

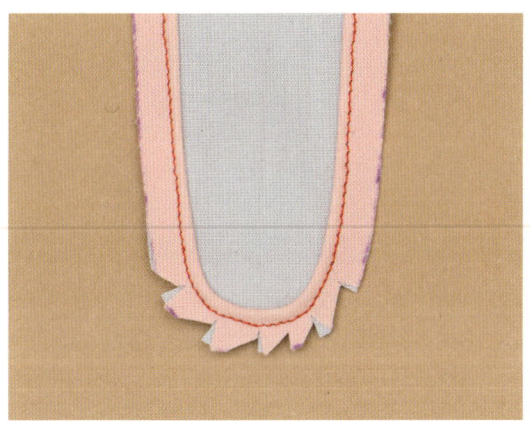

● 시접을 자르는 경우 ②

작은 커브의 시접은 가위집을 넣고 뒤집어도 모양이 예쁘게 잡히지 않는 경우가 있습니다. 그럴 때에는 시접을 삼각형으로 잘라내어 원단의 부피를 줄여 줍니다.

● 시접을 자르는 경우 ③

작은 모서리를 뒤집을 경우에도 시접을 잘라내어 깔끔한 모양을 냅니다. 모서리 주변은 가급적 원단을 많이 잘라내야 하는데, 너무 자르면 올이 풀릴 수 있으니 주의가 필요합니다. 모서리의 재봉선 부분에 접착제나 올풀림 방지액을 소량 바르면 도움이 됩니다.

목둘레, 소매둘레의 안단 처리

안단은 목둘레, 소매둘레, 셔츠 앞여밈 부분 등의 시접을 보기 좋게 마무리하기 위한 파츠입니다.
인형옷에서는 원단이 두꺼워지지 않도록 얇은 튤 등을 이용합니다.

● 목둘레, 소매둘레 안단 한번에 달기

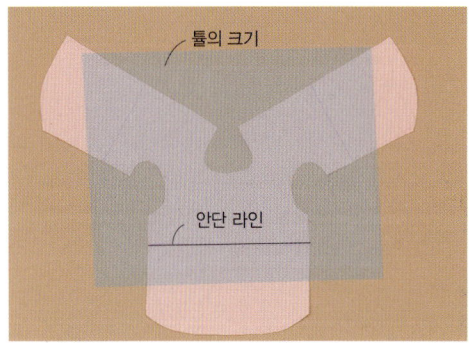

1 몸판과 안단을 겹친다
앞몸판에 안단 라인을 그리고, 몸판과 안단(튤)을 겉끼리 겹친다. 안단용 천이 비치지 않는 소재라면, 안단을 아래로 가게 해서 몸판과 겹친다.

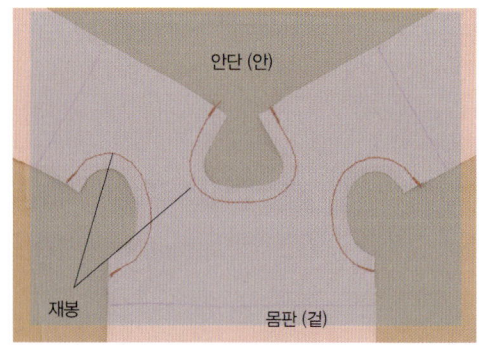

2 안단을 박는다
몸판과 안단을 겹쳐 목둘레, 소매둘레의 완성선을 재봉한다. 만약 안단용 천을 아래로 가게 해서 재봉하는 경우엔 종이를 깔고 하면 수월하다.

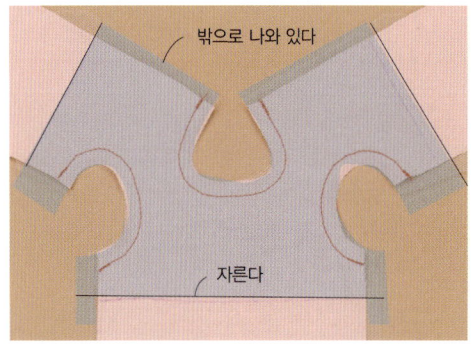

3 안단을 자른다
안단 라인을 자르고, 목둘레와 소매둘레는 몸판 시접에 맞춰 자른다. 옆선과 뒤중심 쪽은 여유있게 자른다.

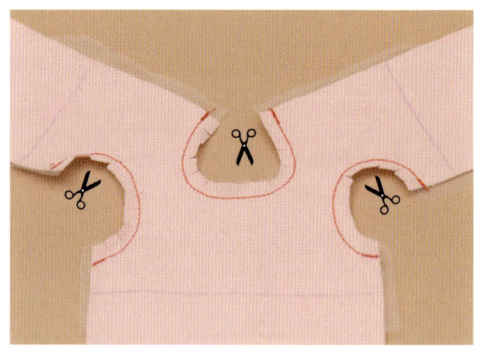

4 가위집을 넣는다
목둘레와 소매둘레의 커브에 가위집을 넣는다. 그래야 천의 당김이 덜하고 안단을 뒤집었을 때 깔끔하게 마무리된다.

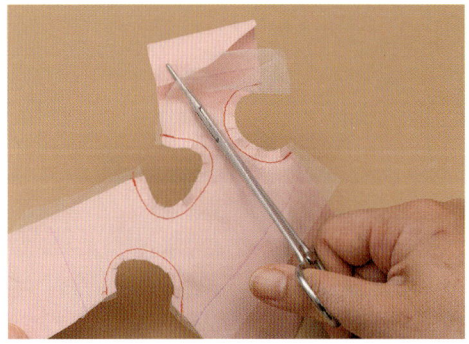

5 겸자로 집는다
앞몸판 쪽 안단에서 겸자를 넣어 뒤몸판 밑단의 끝을 잡는다.

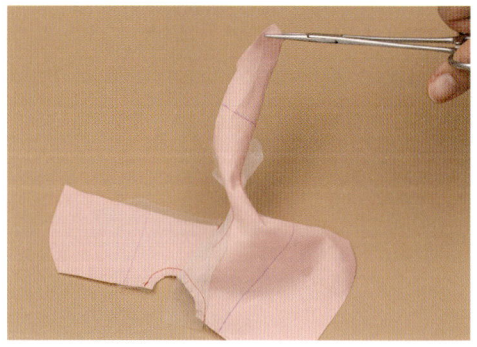

6 겉으로 뒤집는다
안단을 빼내듯이 겉으로 뒤집는다.

※툴 원단을 재봉하기 힘든 경우엔 면 론 등의 얇은 원단으로 대체해도 됩니다.
단, 그럴 경우에는 안단 끝 부분에 반드시 올풀림 방지 처리를 해주세요.

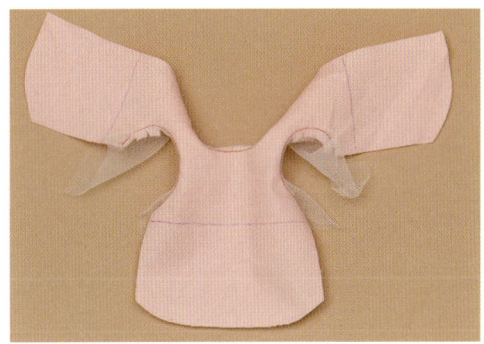

7 안단을 뒤집은 모습
안단을 막 뒤집은 상태에서는 천이 주름져 있다.

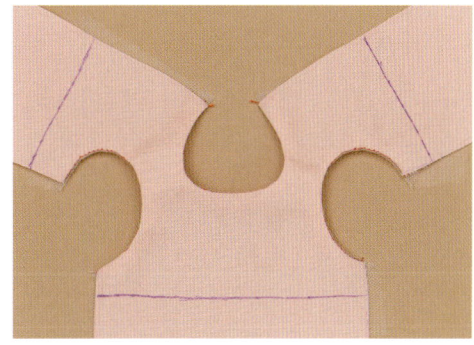

8 다림질로 정리한다
송곳으로 커브 부분을 정리하고 다림질하여 모양을 정리한다.

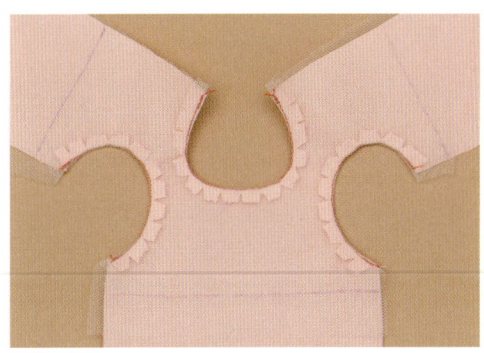

9 안쪽에도 다림질한다
목둘레와 소매둘레에 넣은 가위집이 펼쳐져서 시접이 당기지 않도록 한다.

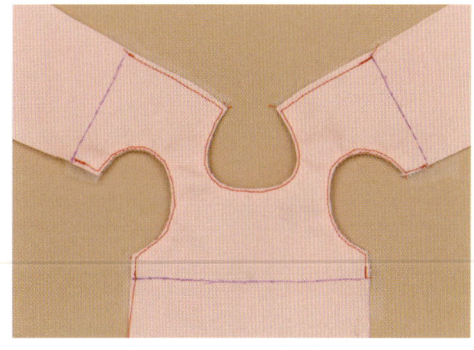

10 스티치로 안단을 고정한다
뒤여밈과 옆선 부분의 시접에 스티치를 해서 고정한다.
※스티치 없이 그대로 마무리해도 좋다.

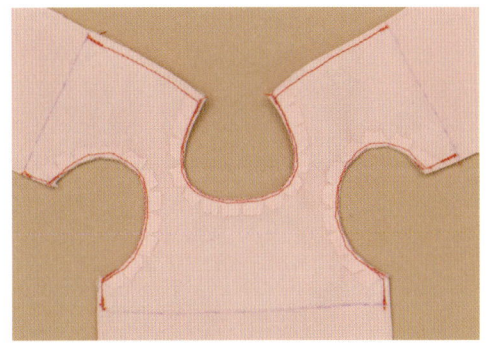

11 여분의 툴을 잘라낸다
안에서 본 모습. 옆선이나 뒤중심에서 비어져 나와 있는 툴을 잘라낸다.

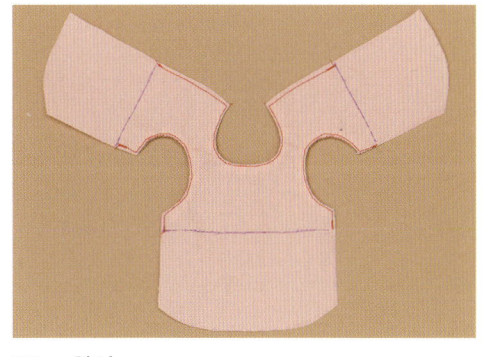

12 완성
목둘레, 소매둘레 안단을 단 모습.

● 목둘레에만 안단 달기

소매둘레에는 소매를 달고 목둘레만 안단으로 처리하고 싶을 때, 또는 목둘레에는 칼라를 달고 소매둘레는 민소매로 마무리하고 싶을 때 사용하는 방법입니다.

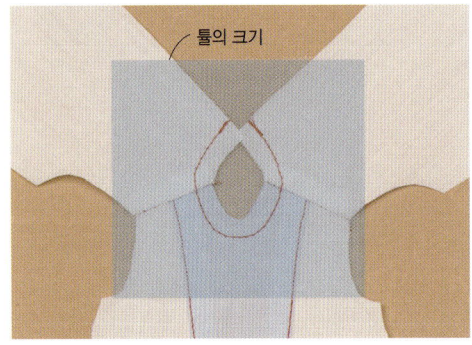

1 틀을 겹쳐서 박는다
몸판 목둘레의 겉 쪽에 틀을 겹쳐서 목둘레의 완성선을 박는다.

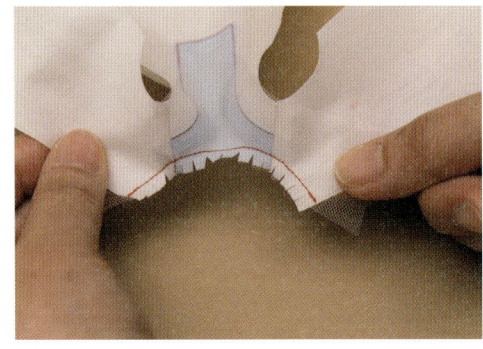

2 가위집을 넣는다
목둘레 시접에 가위집을 넣는다.

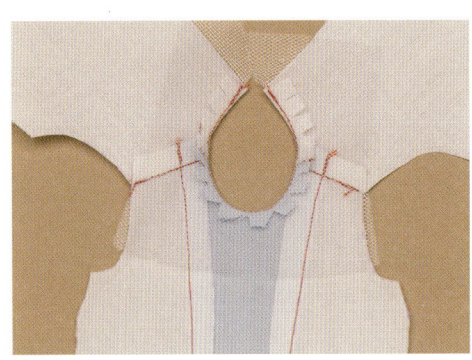

3 안쪽으로 뒤집는다
안단을 안쪽으로 뒤집어 넣는다. 목둘레를 송곳으로 정리하고 다림질한다.

4 겉면의 모양
겉면도 꼼꼼하게 다림질한다.

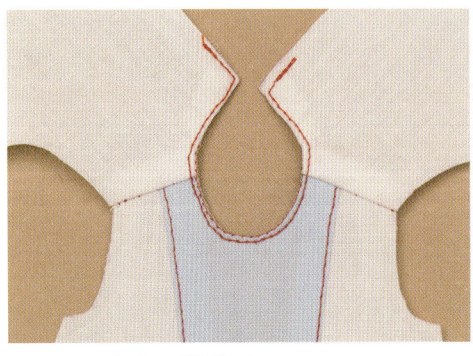

5 목둘레에 스티치한다
스티치를 해서 시접과 안단을 고정한다.

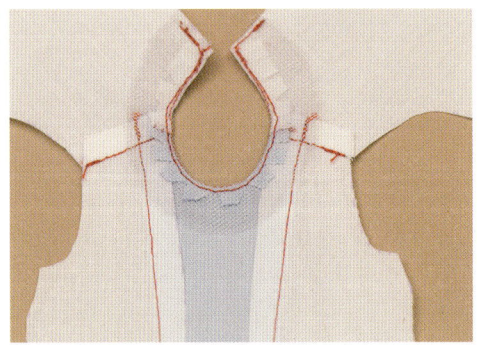

6 틀을 잘라낸다
안쪽의 틀을 1cm 정도 남기고 자른다.

● 목둘레에 스티치하지 않는 경우

목둘레에만 안단을 달고 고정용 스티치를 하지 않는 방법입니다. 예를 들어 앞뒤 몸판의 원단 색상이 다른데(요크 등) 같은 색깔로 스티치를 넣는 것은 그리 예쁘지 않습니다. 그럴 때 유용한 방법입니다.

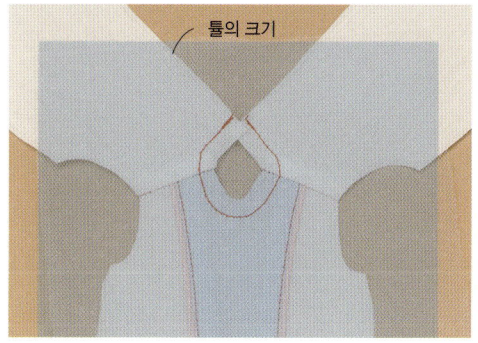

1 튤을 겹쳐서 박는다
몸판 목둘레의 겉 쪽에 튤을 겹쳐서 목둘레의 완성선을 박는다.

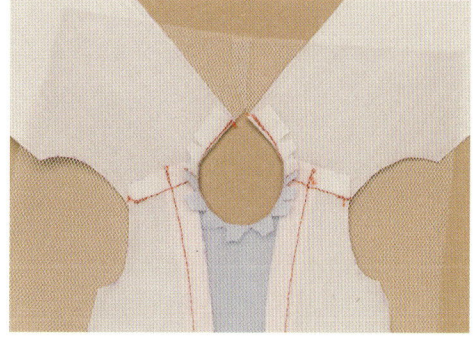

2 가위집을 넣고 뒤집는다
목둘레 시접에 가위집을 넣고 안단을 안쪽으로 뒤집어 넣는다. 목둘레를 송곳으로 정리하고 다림질한다.

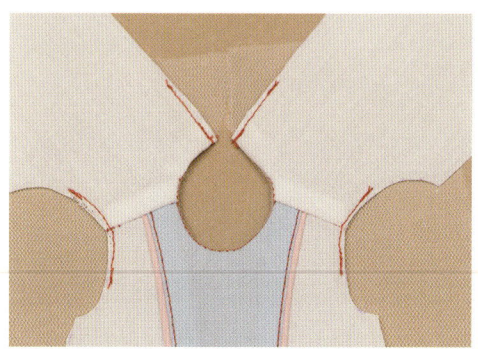

3 뒤중심과 소매둘레에 스티치한다
뒤중심과 소매둘레의 일부에 스티치를 넣어 고정한다. 이 때 튤을 살짝 바깥으로 당기듯이 하면 느슨해지지 않는다.

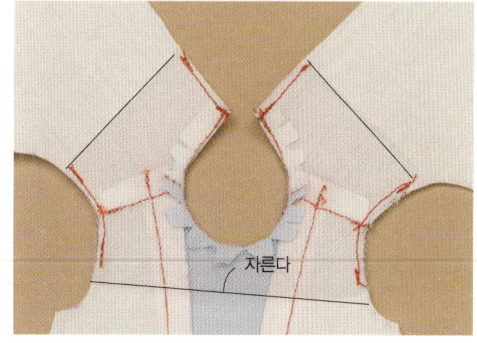

4 여분의 튤을 잘라낸다
안쪽에서 여분의 튤을 자르고 정리한다.

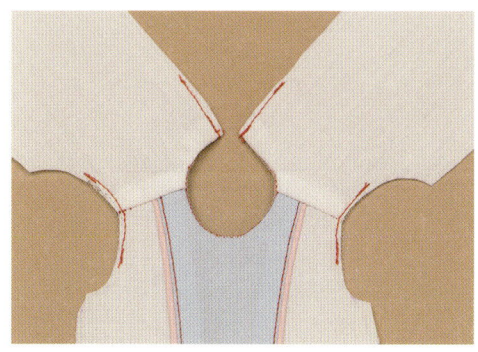

5 완성
목둘레에 안단을 단 모습.

고무테이프 사용법

인형옷 만들기에 자주 등장하는 고무테이프 사용법 2가지를 소개합니다.
줄이는 길이가 길 때는 「고무줄 끼우기」, 짧을 때는 「겹쳐서 박기」를 추천합니다.

● **고무줄 끼우기**

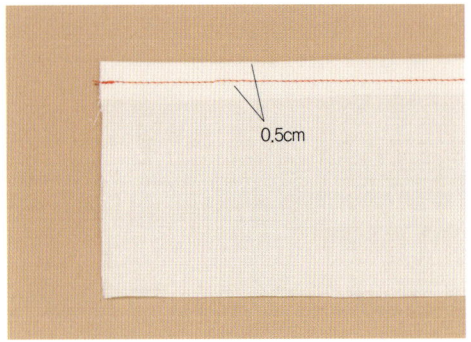

1 고무줄 통과 부분을 박는다

고무줄이 통과할 부분을 접어서 박는다. 고무줄 폭보다 몇 밀리 크게 접으면 되는데, 사진의 경우 접은 폭은 5mm, 고무줄 폭은 3mm이다.

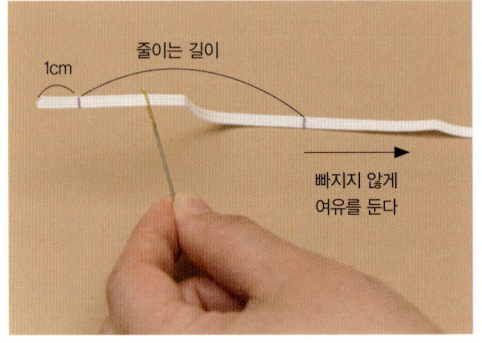

2 고무줄에 표시한다

줄이고 싶은 길이에 맞게 고무줄에 표시를 하고 시침핀을 꽂는다.

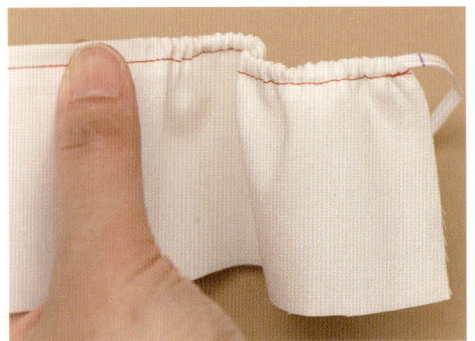

3 고무줄을 끼운다

고무줄 통과 부분에 시침핀을 넣어서 고무줄을 끼운다.

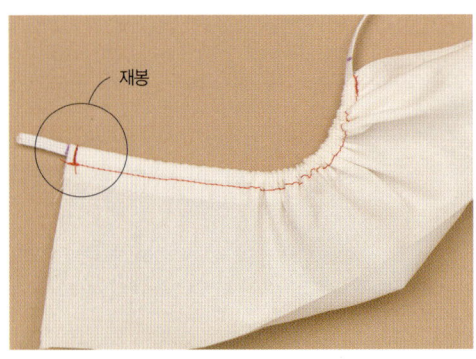

4 끝을 재봉한다

반대 방향으로 고무줄이 나오면 표시된 위치에서 재봉해 한쪽 끝을 고정한다.

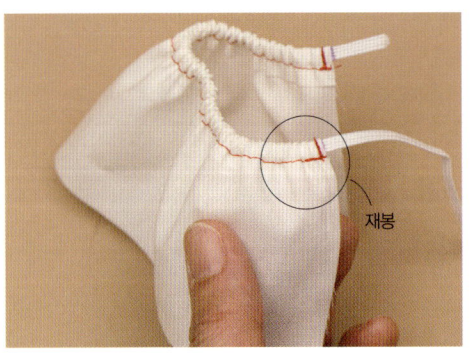

5 고무줄을 당겨서 줄인다

반대쪽 표시까지 고무줄을 당겨서, 표시된 위치를 재봉한다.

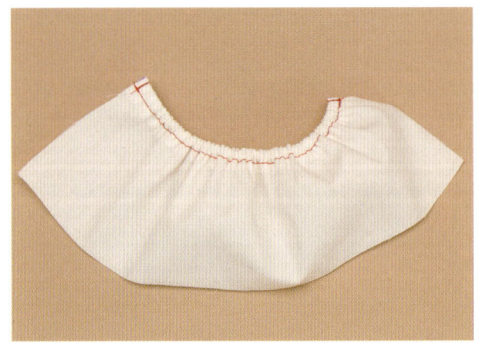

6 완성

주름을 균등하게 정리하면 완성.

> ※고무줄을 줄이는 길이는, 인형옷을 완성했을 때의 사이즈와 같습니다.
> 스커트의 허리라면 인형의 허리 사이즈, 소맷부리라면 인형의 손목 둘레입니다.

● 고무줄 겹쳐서 박기

1 시접을 접는다
고무줄을 재봉할 부분을 접어서 다림질한다.

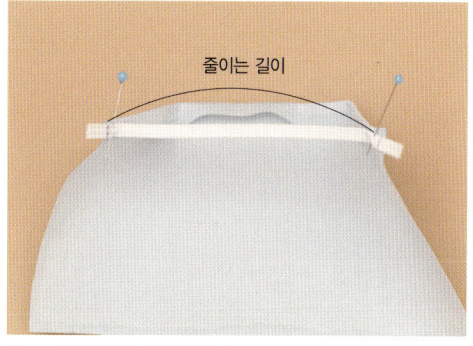

2 고무줄에 표시한다
줄이려는 길이에 맞게 고무줄에 표시하고, 양끝에 시침핀을 꽂는다. 고무줄 길이보다 원단 길이가 길다.

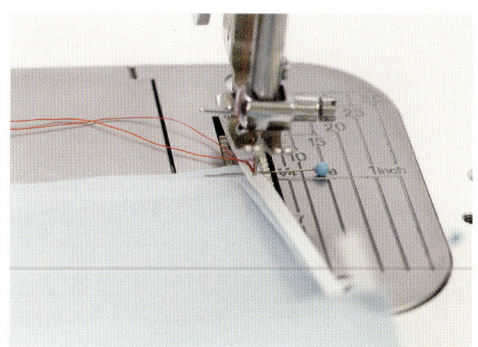

3 재봉틀에 세팅한다
고무줄 위에 바늘을 내리고 몇 바늘 되돌아박기를 한다.

4 고무줄을 늘린다
고무줄을 당겨서 원단의 길이와 같아지도록 늘린다.

5 재봉한다
고무줄을 당긴 상태로 재봉한다. 원단이 쪼그라들어 박음질이 어렵다면 밑에 종이를 깔고 해도 된다.

6 완성
끝까지 박으면 자연스럽게 주름이 잡힌다.

● 커브에 고무줄 겹쳐서 박기

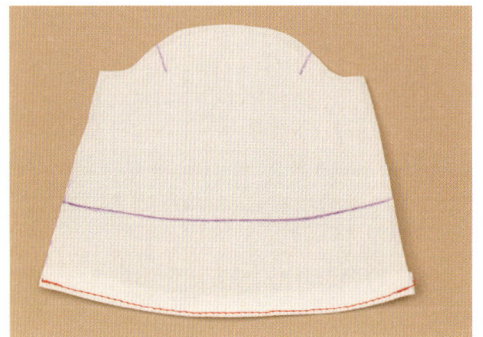

1 선을 그린다
고무줄을 겹쳐 박을 위치에 선을 그린다.

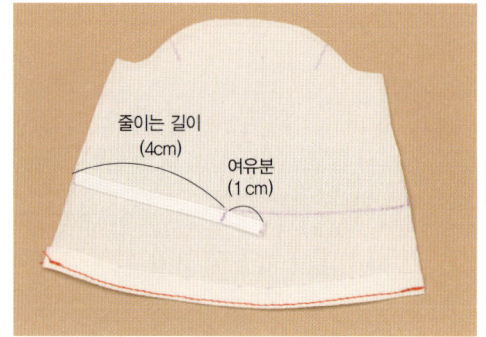

2 고무줄에 표시한다
고무줄에 줄이고 싶은 길이와 여유분을 표시한다.

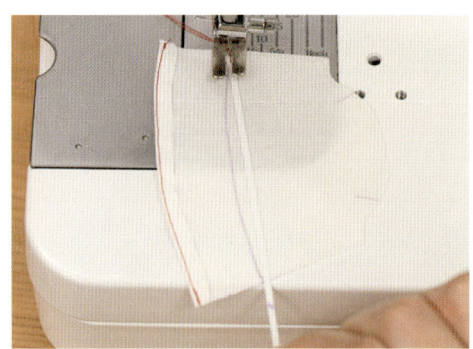

3 되돌아박기를 한다
고무줄 재봉 위치의 끝에 고무줄을 맞추고 바늘을 내려서 되돌아박기를 한다. 그 상태에서 고무줄을 당기면 커브와 맞지 않는다.

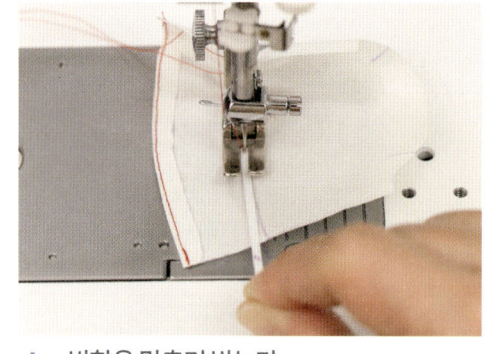

4 방향을 맞추며 박는다
재봉을 진행하면서 커브와 맞도록 손으로 방향을 조정한다.

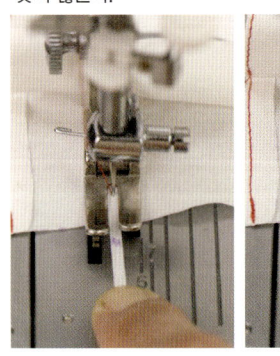

5 재봉 마무리에 주의
처음에는 고무줄의 표시된 부분이 원단 밖으로 나올 정도로 살짝 당기며 박다가, 박음질이 끝나기 조금 전에 표시를 원단 끝에 맞추고 끝까지 박는다.

6 완성
커브에 고무줄을 겹쳐 박은 모습.

칼럼
옷의 여밈에 대하여

남녀의 여밈 차이

앞여밈에 있어서 남성은 왼쪽 몸판이 위, 여성은 오른쪽 몸판이 위가 기본입니다. 인형옷도 같은 기준으로 만들고 있습니다.
최근엔 디자인을 위해 반대로 하는 경우도 있으므로 인형의 캐릭터에 맞춰 결정해도 좋을 것같습니다. (예를 들어 보이시한 여자아이면 왼쪽을 위로)
참고로, 일본 전통의상인 기모노는 남녀 모두 왼쪽 몸판이 위로 가게 만듭니다.

열어서 입거나 여며서 입거나

인형옷은 앞을 열어놓을 수도 있고, 여밀 수도 있고, 둘 다 가능한 경우도 있습니다. 각각의 경우에 따라 단추 다는 위치 등이 달라지므로, 디자인이나 용도에 맞게 선택하세요.

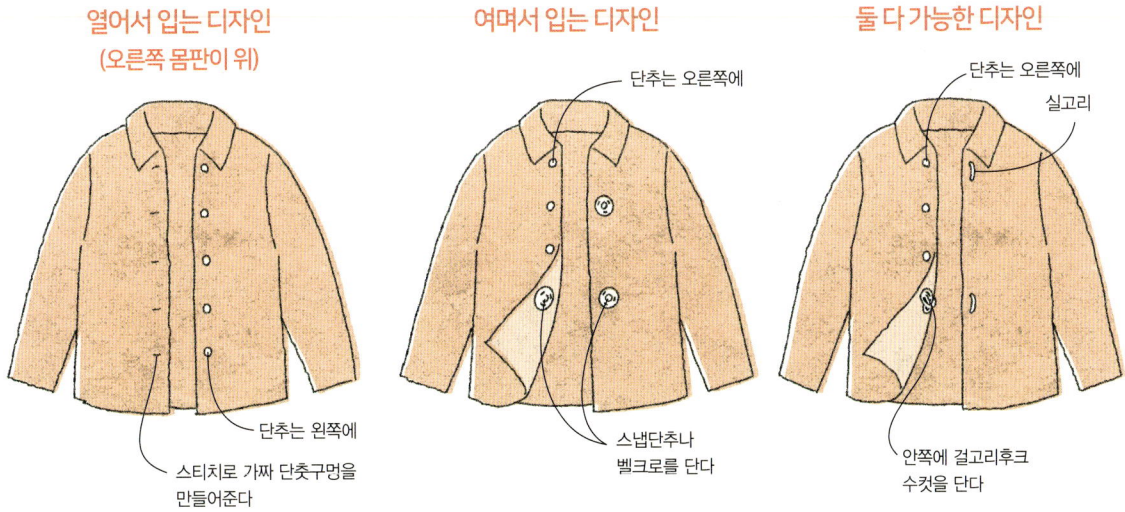

☆1/6 스케일의 인형옷에 단춧구멍을 내긴 무척 어렵습니다. 구멍을 낸다 해도 보기에 투박하고 갈아입힐 때 내구성도 문제라서 추천하진 않습니다. 하지만 리얼함을 원한다면 작업할 수도 있다고 생각합니다.

22cm/Model: EX☆CUTE chiika
구두: STOC
만드는 법: p67/p70
패턴: p166

©OMOIATARU/AZONE INTERNATIONAL

고무줄 스커트

초보자 분들도 만들 수 있는 초간단 밴딩 스커트입니다.

준비물

▷ 27cm: 스커트용 원단 10.5×26cm
▷ 22cm: 스커트용 원단 9×26cm
▷ 공통: 4골 고무줄 11cm (더 여유를 두어도 좋다.)
※ 27cm과 22cm는 기장만 다르다.

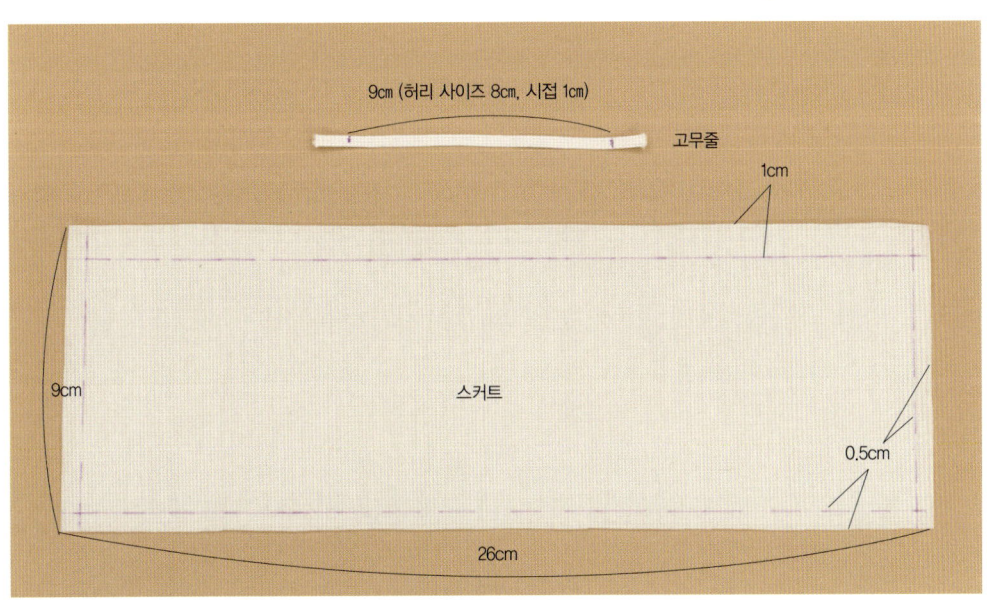

표시하기와 재단

스커트와 같은 사각형 패턴은 별도의 패턴을 게재하지 않고, 수치만 써놓은 경우가 많아 스스로 원단에 그려야 합니다. 스커트용 원단을 재단한 후엔 올풀림 방지액을 바르고 필요한 표시를 합니다.

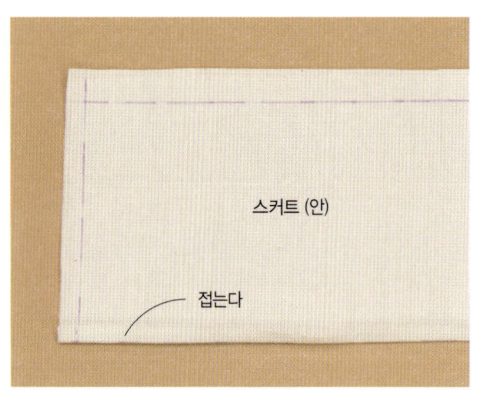

1 밑단을 접는다
밑단의 완성선을 접어 다림질로 고정한다.

2 밑단에 스티치한다
밑단을 재봉해 시접을 고정한다. 스티치를 넣을 때는 겉면 쪽에서 해야 한다.

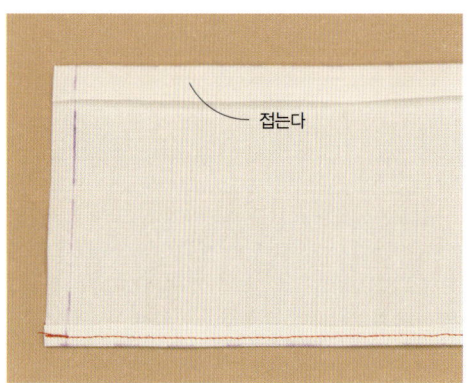

3 허리를 접는다
허리의 완성선을 접어 다림질로 고정한다.

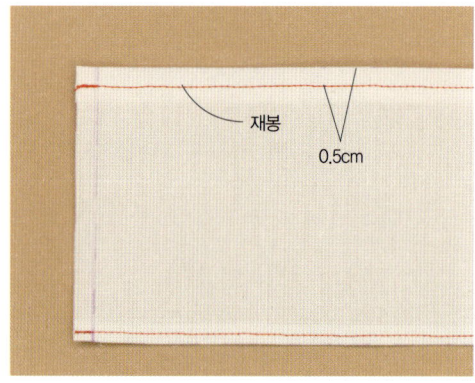

4 허리를 재봉한다
고무줄이 통과할 폭 5㎜를 남기고 박는다.

5 고무줄을 끼운다
4에서 생긴 공간에 고무줄을 통과시킨다.
▶자세한 것은 p62 「고무줄 끼우기」 참고.

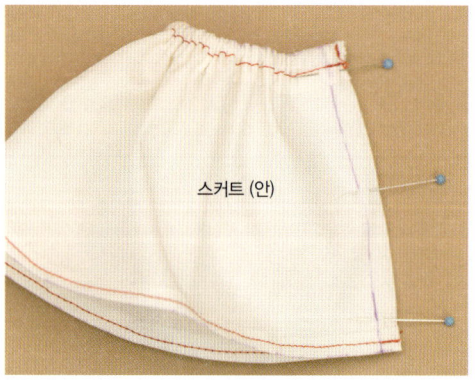

6 뒤중심을 겹친다
스커트 양끝을 겉끼리 마주대어 뒤중심을 겹친 후 시침핀을 꽂는다.

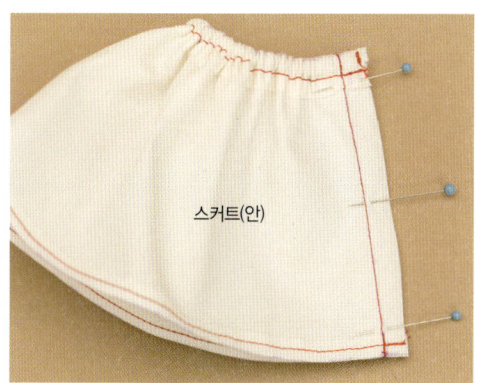

7 뒤중심을 재봉한다
겹쳐진 뒤중심의 완성선을 박는다.

8 시접을 가른다
시접을 양옆으로 펼쳐서 다림질로 고정한다.

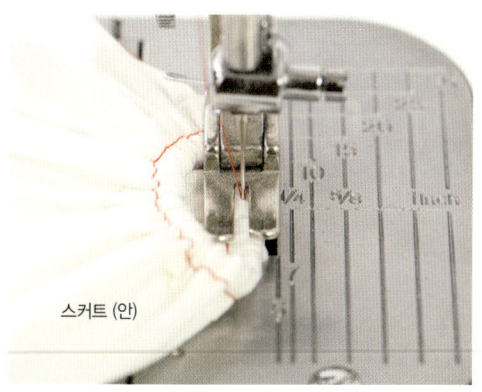

9 고무줄 입구에 스티치한다
고무줄이 들어간 입구가 들뜨지 않도록 스티치를 해서 고정한다.

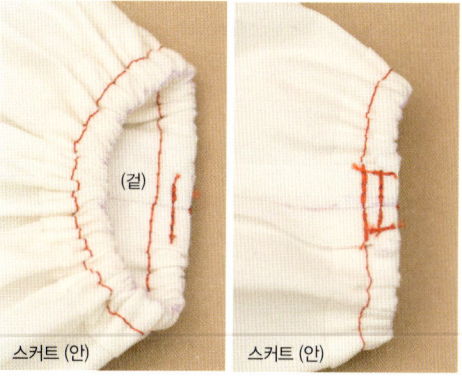

10 시접을 처리한 모습
시접 부분이 스티치로 깔끔하게 고정되었다.

11 재봉이 끝난 모습
겉으로 뒤집어서 모양을 정리한다.

12 완성
분무기로 물을 뿌려 손으로 꼭 짜듯이 눌러 주면 자연스러운 주름이 표현된다.

탱크 탑

몸판 한 장으로 만드는 탱크 탑으로 초보자도 도전할 수 있습니다.
직물 원단으로 만들면 블라우스풍, 니트 원단으로 만들면 캐주얼풍이 됩니다.

준비물

▷ 쇼트 길이: 몸판용 원단 20×20cm, 안단용 튤 10×14cm, 0.5cm 폭 벨크로 7cm 1세트
▷ 원피스 길이: 몸판용 원단 20×30cm, 안단용 튤 10×14cm, 0.5cm 폭 벨크로 10cm 1세트
▷ 공통: 늘어남 방지 테이프(0.5cm 폭) 적당량

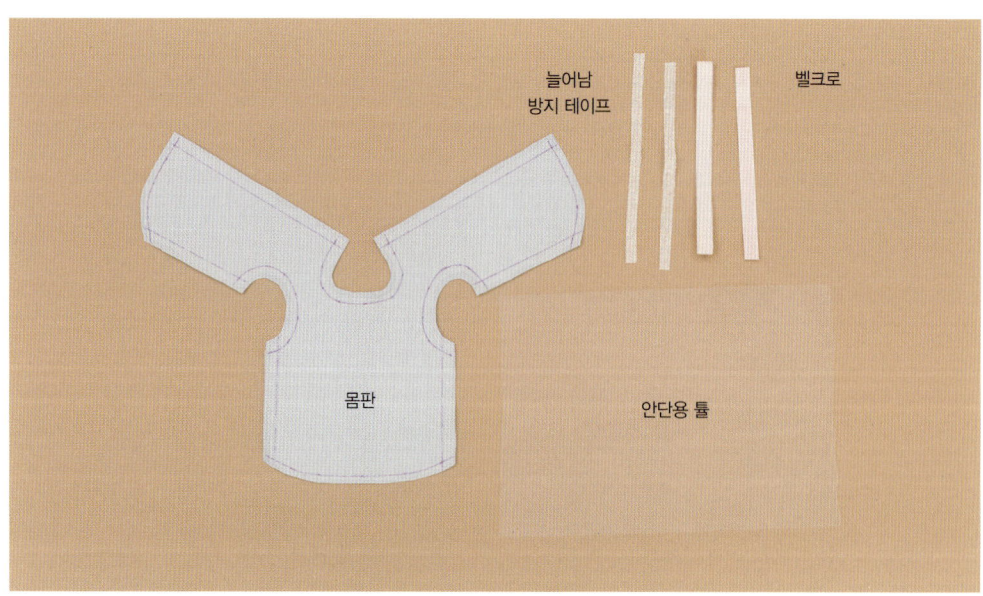

표시하기와 재단

몸판용 원단을 재단한다. 올풀림 방지액을 바르고 필요한 표시를 한다.

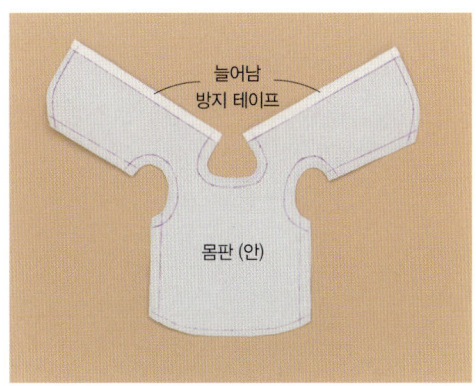

1 늘어남 방지 테이프를 붙인다

몸판 뒤여밈 시접 부분에 늘어남 방지 테이프를 붙이고(뒤 중심이 바이어스 상태여서 늘어나기 쉬우므로), 그 다음에 안단용 툴을 재봉해 단다.

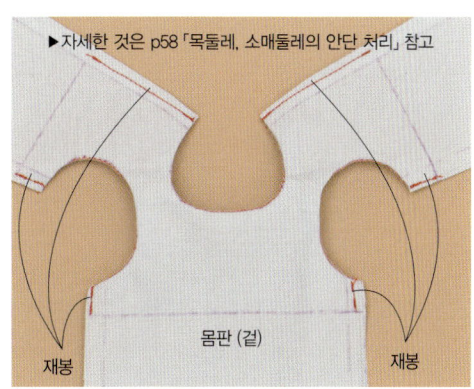

▶자세한 것은 p58「목둘레, 소매둘레의 안단 처리」참고

2 스티치로 안단을 고정한다

안단의 뒤여밈과 옆선 부분 시접에 스티치를 넣어 고정한다. 목둘레와 소매둘레는 스티치 없이 마무리한다. 니트 원단의 경우, 스티치를 넣는 쪽이 예쁘게 마무리된다.

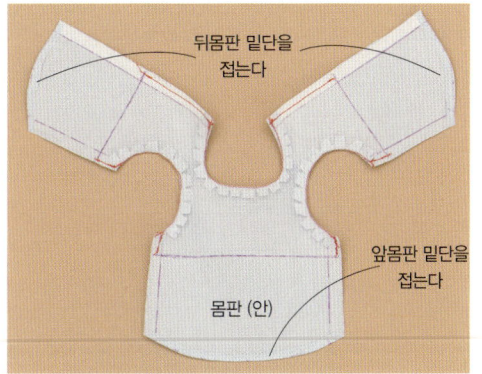

3 밑단을 접는다

앞몸판과 뒤몸판 밑단의 완성선을 각각 접고 다림질한다. 밑단이 곡선일 경우, 중심에서 끝을 향해 접으면 수월하다.

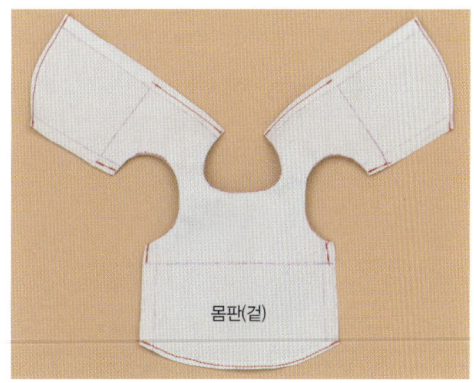

4 밑단을 박는다

앞몸판과 뒤몸판 밑단에 스티치를 해서 시접을 고정한다.

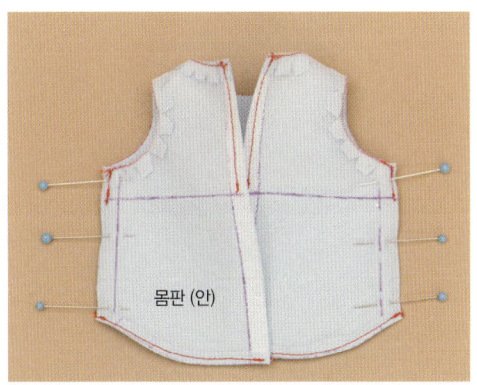

5 양 옆선을 겹친다

앞몸판과 뒤몸판을 겉끼리 마주 대어, 양쪽 옆선끼리 겹친다.

6 옆선을 재봉한다

양쪽 옆선의 완성선을 박는다.

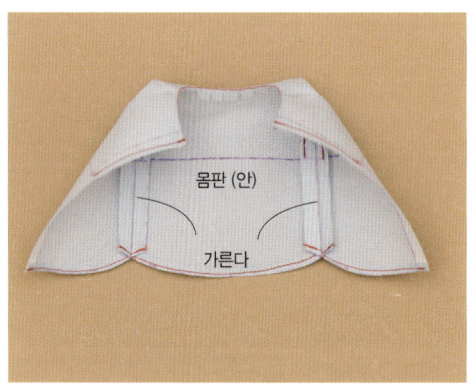

7 시접을 가른다
양쪽 옆선의 시접을 펴서 다림질로 가른다.

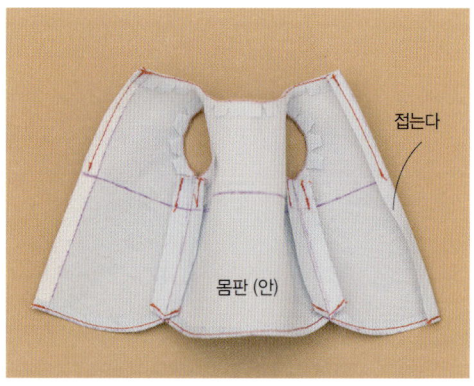

8 뒤여밈을 접는다
뒤여밈을 겹쳤을 때 위로 가는 쪽의 시접을 접어 다림질로 고정한다.

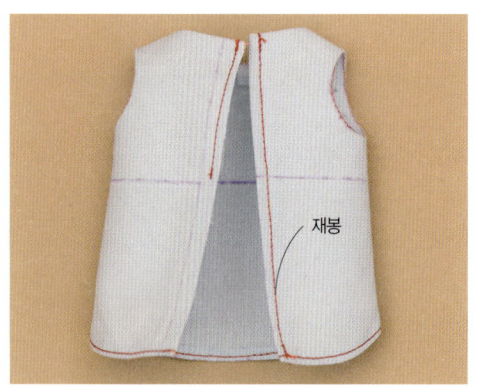

9 뒤여밈에 스티치한다
접어놓은 뒤여밈에 스티치를 해서 시접을 고정한다.

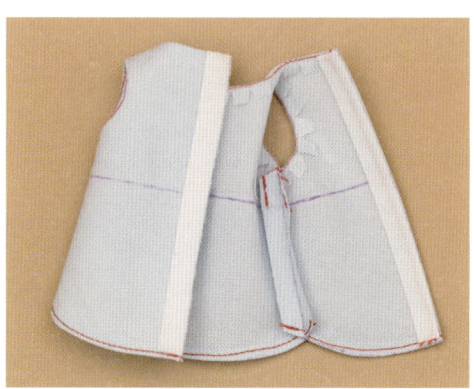

10 벨크로를 단다
벨크로에 양면테이프를 붙여서 뒤여밈에 달아준다.

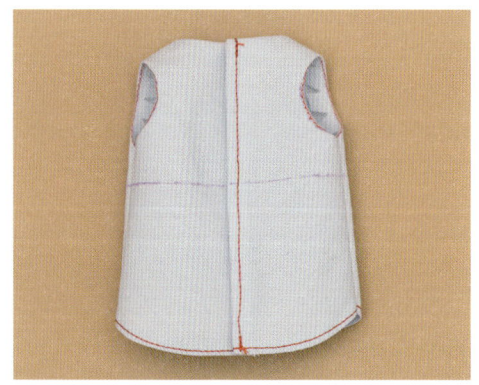

11 뒤를 여민 상태
벨크로를 붙여 여민 모습.

12 완성
앞에서 본 모습.

중급자편

기본보다는 조금 난이도가 있는 기법을 소개합니다.
이것만 알아도 다양한 디자인의 인형옷을 만들 수 있습니다.

- 가는 끈 만드는 법 … p74
- 같은 천으로 좁은 프릴 만드는 법 … p76
- 셔링 … p78
- 핀턱 몇 가지 … p80
- 플리츠 … p82
- 칼라 달기(셔츠 칼라) … p84
- 칼라 달기(플랫 칼라) … p86
- 소매 달기(기본 소매와 꿰매 줄이기) … p88
- 소매 달기(레글런 소매) … p90
- 소매 달기(퍼프 소매) … p92
- 파이핑 테이프 … p93
- 뒤여밈 … p95
- 둥근 요크 … p97
- 각 요크 … p101
- 커브 밑단의 재봉 방법 … p104
- 패치 포켓 … p105
- L형 포켓 … p106

가는 끈 만드는 법

어깨끈이나 가방 손잡이 등 가는 끈으로 다양한 아이템을 만들 수 있습니다.
원단과 디자인에 따라 선택할 수 있는 3가지 방법을 소개합니다.

● **3단으로 접는 타입**

원단이 두꺼워지는 게 싫을 때 사용하는 방법입니다.

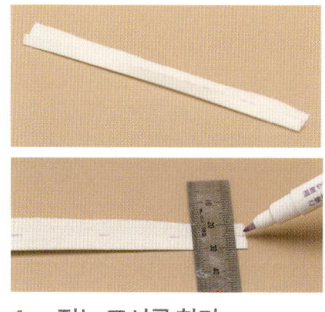

1 접는 표시를 한다

재단한 원단의 한쪽 단을 완성선에 맞춰 접어 다림질하고(위), 원하는 끈의 폭에 맞춰서 표시를 한다(아래).

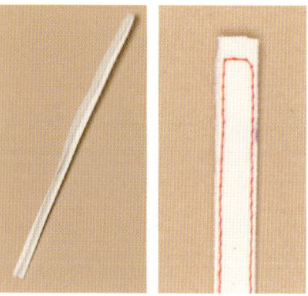

2 가장자리를 박는다

표시에 맞춰 다른 쪽의 단을 접어 다림질한다. 원단용 접착제로 붙여도 괜찮다(좌). 가장자리에 스티치를 한다(우).

● **4단으로 접는 타입**

원단은 두꺼워지지만 시접이 밖으로 나오지 않아 튼튼한 마무리가 됩니다.

1 원단을 접는다

재단한 원단의 양쪽 시접을 접어 다림질하고(좌), 그것을 다시 반으로 접는다(우).

2 다림질하여 재봉한다

꼼꼼하게 다림질한다. 원단용 접착제로 붙여도 괜찮다(좌). 접어 넣은 쪽의 단을 재봉한다.

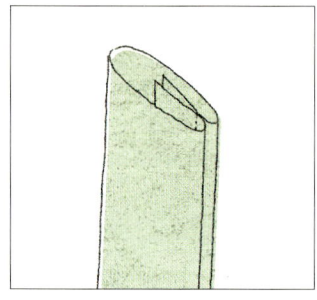

● **뒤집는 타입**

재봉 부분이 밖으로 나오지 않아 리얼한 마무리가 됩니다. ※이 타입은 천이 두꺼워지면 뒤집을 수 없기 때문에 면론 같은 얇은 원단을 추천합니다.

1 접어서 재봉한다

완성하려는 끈보다 조금 여유 있게 원단을 준비한다. 원단을 반으로 접고 완성하려는 치수를 표시한다(좌). 표시한 선을 재봉한다(우).

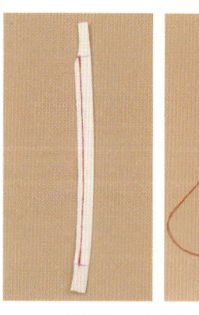

2 시접을 자른다

시접을 2mm 정도 남기고 자르는데, 이때 한쪽 윗부분만 비스듬하게 자른다(좌). 바늘에 실을 2줄로 꿰어 손바느질을 준비한다(우).

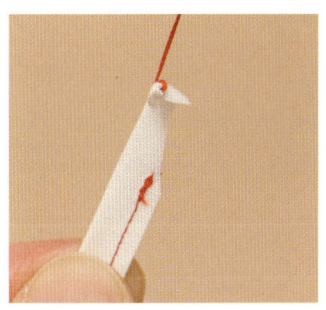 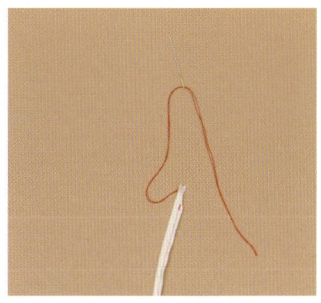 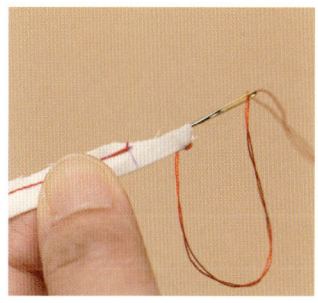

3 한쪽 끝을 실로 묶는다
비스듬하게 자른 쪽의 끝에 바늘을 넣어 2회 정도 묶어준다.

4 돗바늘로 바꾼다
바늘의 바로 아래에서 실을 자르고, 실이 2겹으로 되어 있는 상태에서 돗바늘로 교체한다.

5 원통 모양에 넣는다
돗바늘의 끝을 원통 모양 입구에 넣는다.

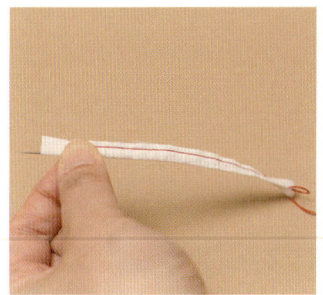 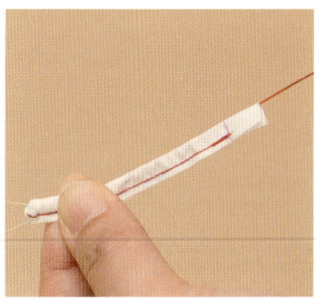 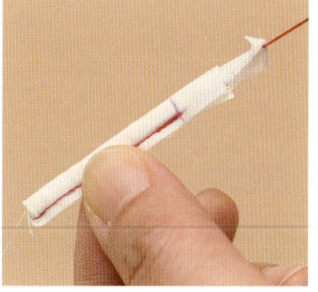

6 원통 모양에서 꺼낸다
돗바늘을 반대쪽 입구로 꺼낸다.

7 실을 당긴다
바늘에 연결되어 있는 실을 당겨, 비스듬히 잘린 부분을 원통 안으로 집어넣는다.

8 끈을 뒤집는다
실이 끊어지지 않도록 주의하면서 천천히 당겨 끈을 뒤집는다.

9 양쪽 끝을 자른다
완전히 다 뒤집으면(위), 양쪽 끝을 잘라내고 올풀림 방지액을 바른다. 다림질로 모양을 정리한다(아래).

같은 천으로 좁은 프릴 만드는 법

스커트 밑단이나 요크 둘레에 같은 천으로 프릴을 만들어 달면 무척 화려합니다.
여기서는 5㎜ 폭의 프릴 만드는 법을 소개합니다.

1 원단을 준비한다
원단을 2㎝ 폭으로 재단해서 올풀림 방지액을 바른다.

2 반으로 접는다
원단을 반으로 접어 다림질한다.

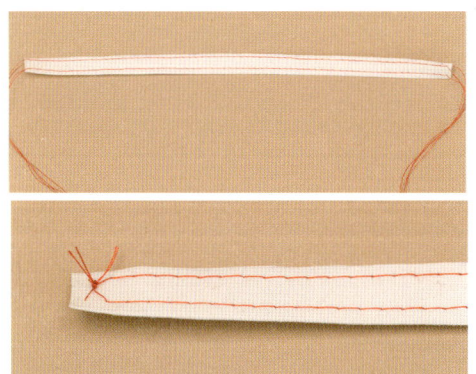

3 주름용 재봉을 한다
접은 원단의 양쪽 단에 주름용 재봉을 하고(위), 한쪽 끝을 묶어준다(아래).
▶자세한 것은 p52 「주름 잡는 방법」 참고

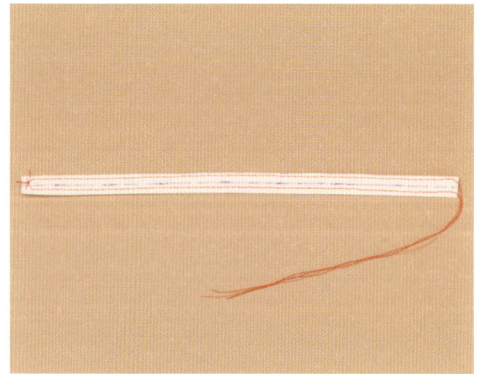

4 완성선을 표시한다
원단의 접은 쪽(골선 부분) 단 끝에서 5㎜ 위치에 완성선을 그린다.

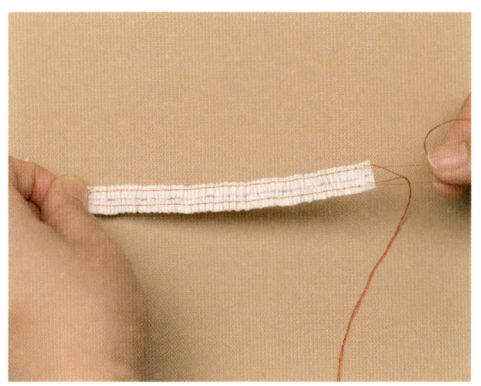

5 주름을 잡는다
밑실을 당겨서 주름을 잡는다.

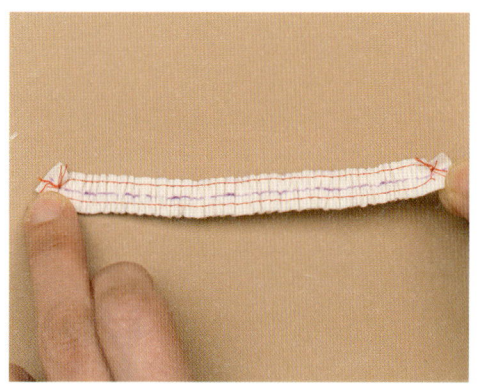

6 실을 묶는다
원하는 폭에 맞춰서 실을 묶어 주름을 고정한다.

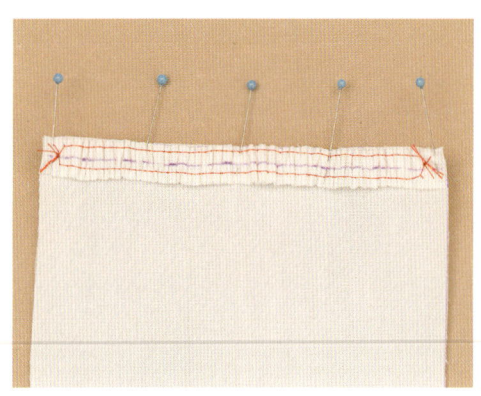

7 프릴 파츠를 겹친다
프릴을 달리는 파츠와 프릴 파츠를 겉끼리 마주 보게 겹쳐, 시침핀으로 고정한다.

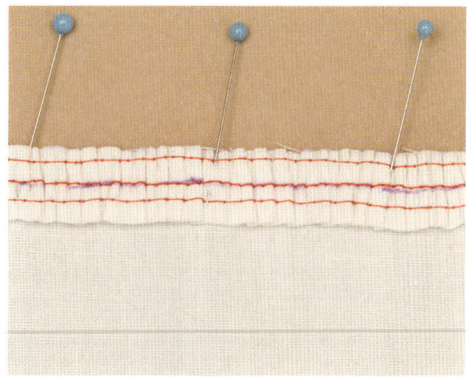

8 재봉해서 합친다
4에서 그려 놓은 완성선을 박는다.

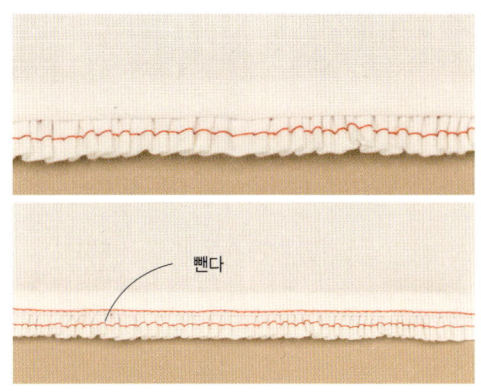

9 스티치하고 실을 뺀다
시접을 메인 원단 쪽으로 눕히고 다림질한다(위). 스티치로 고정하고 주름용 실을 뺀다(아래).

10 완성
프릴이 달린 모습.

셔링

「셔링」은 자주 사용하는 기법은 아니지만,
인형옷에서는 가슴 부근이나 소맷부리를 장식하는 용도로 사용합니다.
고무줄 겹쳐 박기와 비슷하지만, 그보다는 좀 더 섬세하게 마무리됩니다.

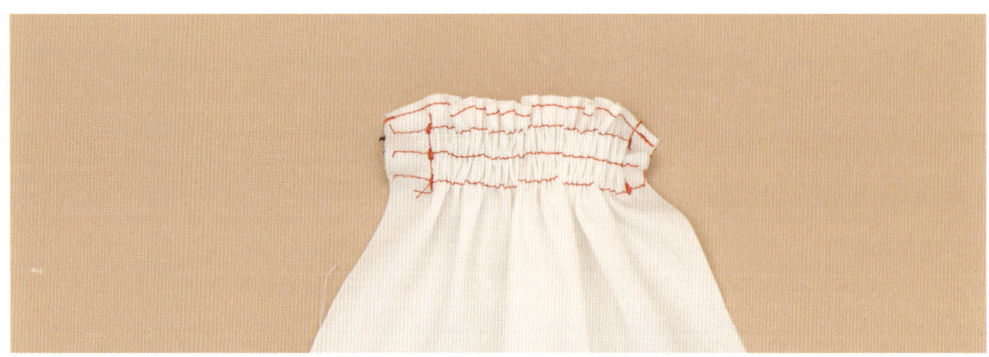

1 실토리에 고무실을 감는다

실토리와 고무실을 준비한다. 실토리 구멍에 고무실의 끝을 통과시켜, 가볍게 당기는 정도로 감아준다.

 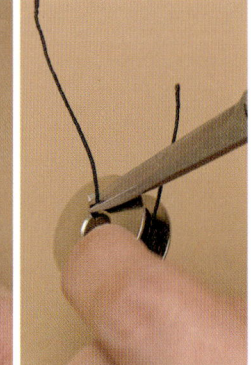

2 고무실을 자른다

실토리의 폭 전체를 다 감았다면, 구멍에 나와 있는 고무실의 끝을 자른다.

3 실토리를 세팅한다

실토리를 북집 또는 수평가마에 세팅한다. 북집의 조임 상태나 재봉틀 설정은 크게 신경 쓰지 않아도 된다. 고무실을 박았을 때 줄지 않을 정도로 한다.

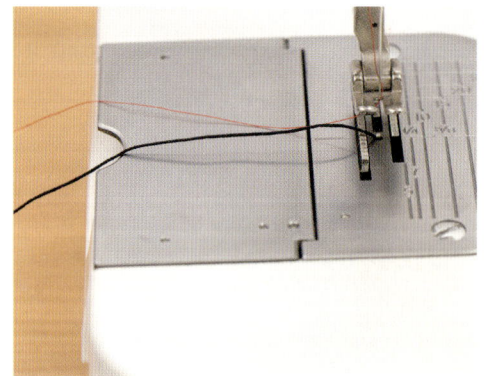

4 재봉틀에 세팅한다

재봉틀에 실토리를 세팅하고 밑실과 마찬가지로 고무실을 밖으로 꺼내놓는다.

5 재봉한다
직선박기 요령으로 박아 나간다. 단, 재봉 시작과 끝에 하는 되돌아박기를 하지 않고, 윗실과 고무실을 몇 ㎝ 정도 남긴다.

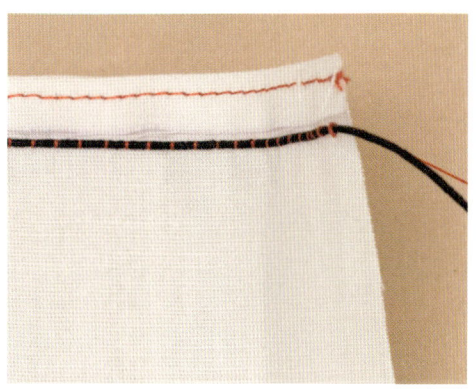

6 안쪽 모습
고무실을 재봉한 원단 안쪽.

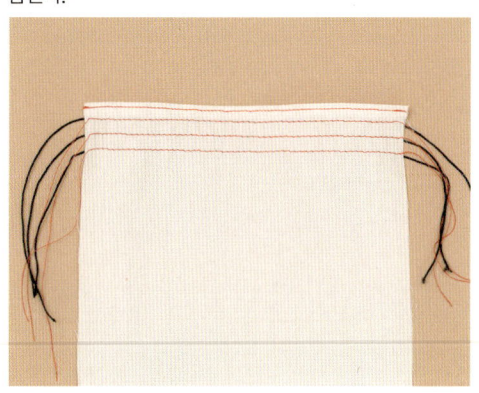

7 필요한 만큼 재봉한다
필요한 주름의 개수에 맞춰 같은 식으로 재봉한다.

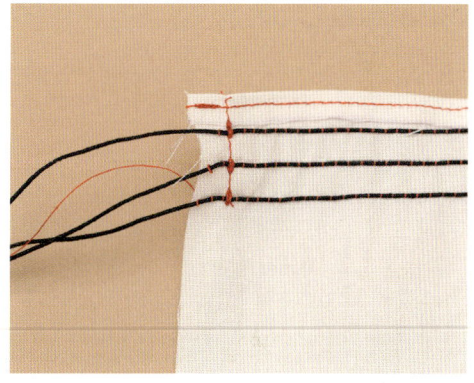

8 한쪽 끝을 고정한다
밑실을 보통 실로 바꾸고 원단의 한쪽 끝(고무실 부분)을 박는다. 고무실이 빠지지 않도록 고무실 위를 작은 땀으로 여러 번 되돌아박기 한다.

※옷을 만들 때는 고무실을 고정한 위치보다 안쪽을 완성선으로 한다.

9 주름을 잡는다
재봉한 여러 줄의 고무실을 함께 당겨 주름을 잡는다.

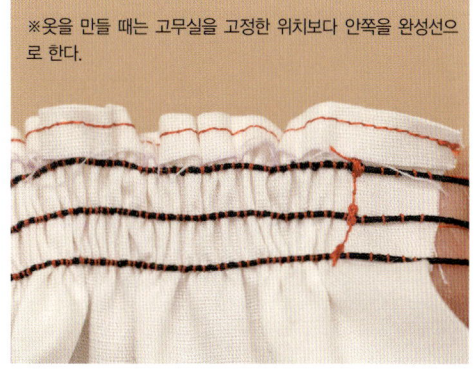

10 반대쪽도 고정한다
원하는 길이로 줄였다면, 원단의 반대편 끝도 박아서 고무실을 고정한다. 원단 끝에 맞춰 고무실을 자른다.

핀턱 몇 가지

「핀턱」이란 턱(tuck) 주름을 핀처럼 좁게 집었다는 의미로,
인형옷에서는 원피스나 블라우스의 장식으로 자주 사용하고 있습니다.
핀턱을 미리 잡아 놓은 원단에 패턴을 그려서 재단합니다.

1 턱을 접는다 ①
필요한 분량의 원단을 준비하고, 턱의 재봉 시작 부분을 접어 다림질한다.

2 스티치한다 ①
접은 산에서 1mm 정도 떨어진 곳에 스티치한다.

3 턱을 눕힌다 ①
접은 원단을 펼쳐서 턱을 한쪽 방향으로 눕히고 다림질한다.

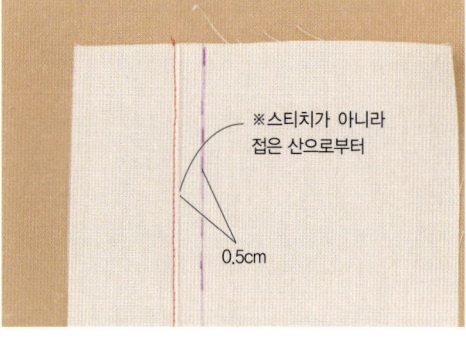

※스티치가 아니라 접은 산으로부터
0.5cm

4 다음 턱을 표시한다
접은 산에서 5mm 위치에 선을 그린다. (더 좁게 하고 싶다면 폭을 좁혀도 된다.)

5 턱을 접는다 ②
선을 접어서 다림질한다.

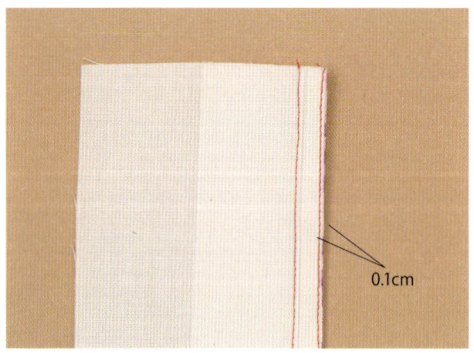

0.1cm

6 스티치한다 ②
접은 산에서 1mm 정도 떨어진 곳에 스티치한다.

7 턱을 눕힌다 ②
원단을 펼쳐서 첫 번째 턱과 같은 방향으로 눕히고 다림질 한다.

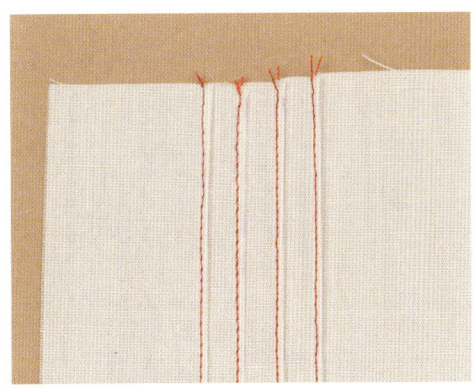

8 반복한다
이 작업을 반복해서 원하는 개수의 턱을 만든다.

● **여러 가지 핀턱의 예**

① 좁은 턱을 한쪽으로 눕힌 타입

② 좁은 턱을 중심에서 좌우로 눕힌 타입
 (p124는 이 타입을 적용)

③ 턱의 폭이 넓은 타입
 (p80 2에서 폭을 넓게 잡으면 된다.)

④ 트위스트 타입
 (③의 턱을 좌우 교차로 눕혀 스티치로 고정)

플리츠

플리츠는 연속으로 접어서 만든 주름을 말합니다.
여기서는 원단과 패턴을 겹쳐서 함께 접는 방법을 소개합니다.

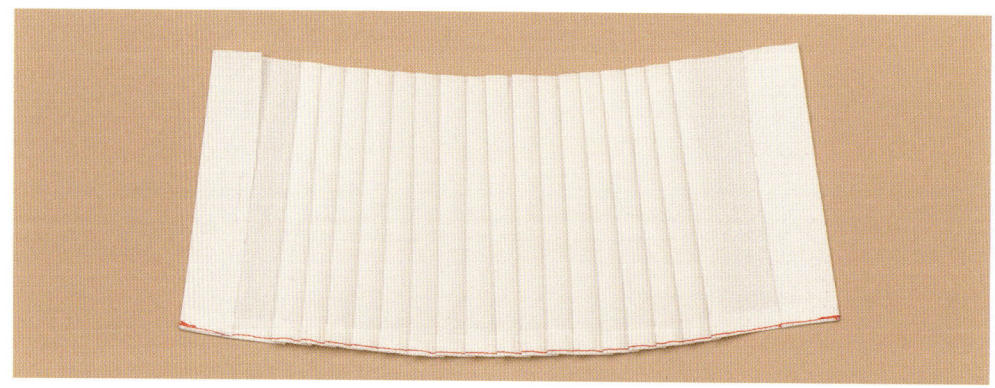

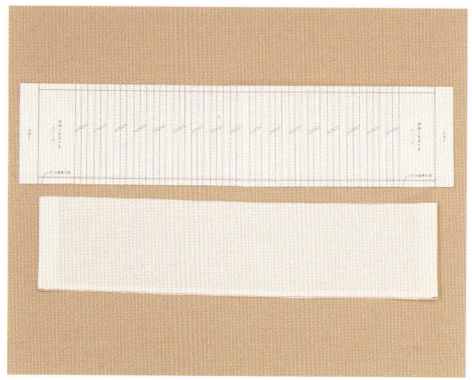

1 스커트 원단을 준비한다

패턴의 완성선에 맞춰 원단의 밑단과 양끝을 접고, 밑단에 스티치한다. 패턴에 따라 밑단만 접는 경우도 있다. (작품 예시는 랩스커트)

2 패턴과 원단을 겹친다

패턴과 원단의 안쪽 면이 위로 오도록 해서, 패턴 위에 원단을 놓는다. 완성선에 맞춰서 원단의 양끝을 시침핀으로 고정한다.

3 시침질한다

원단의 가장자리를 큼직한 땀으로 시침질한다.

4 패턴과 원단을 함께 접는다

패턴의 선에 맞춰 패턴과 원단을 함께 접어 나간다.

5 기호에 주의하며 접는다
사선의 높은 쪽이 위로 가도록 접어야 한다.

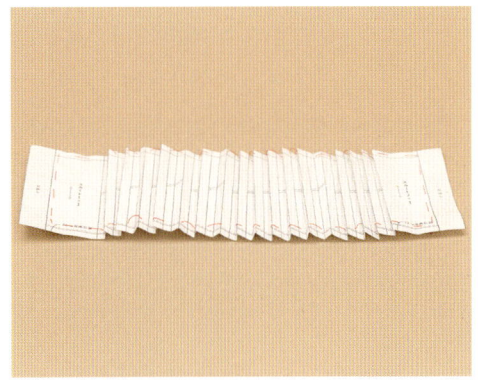

6 모든 플리츠를 접는다
같은 요령으로 패턴에 표시된 모든 플리츠를 접는다.

7 다림질한다
패턴과 원단이 합쳐진 그대로, 원단이 위로 가게 해서 플리츠의 형태를 살려 꼼꼼히 다림질한다.

8 스프레이를 뿌린다
다림질이 끝나면, 접는선 가공 스프레이나 세탁풀 등의 스프레이를 뿌려서 다시 한 번 다림질한다.

9 패턴을 떼어낸다
송곳 등을 이용해 시침실을 풀어 패턴을 떼어낸다.

10 다림질한다
마지막으로 플리츠의 모양을 정돈하고 다림질한다.

칼라 달기(셔츠 칼라)

인형옷 만들기에서 어려운 포인트로 꼽히는 칼라 달기.
특히 셔츠 칼라처럼 곡선인 목둘레에 직선인 칼라를 재봉하기는 어렵습니다.
하지만 연습을 해 나가면 점점 실력이 좋아질 거라 생각합니다.

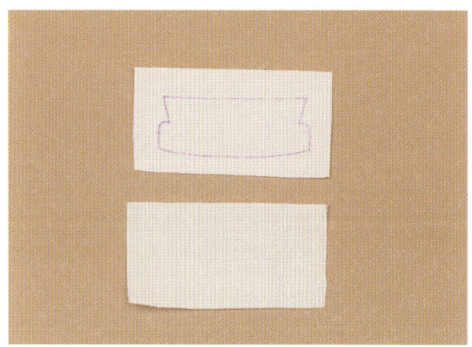

1   원단과 패턴을 준비한다

칼라처럼 작은 파츠는 미리 재단하지 않고, 적당히 자른 원단에 완성선을 그려서 재봉한 후에 재단한다.

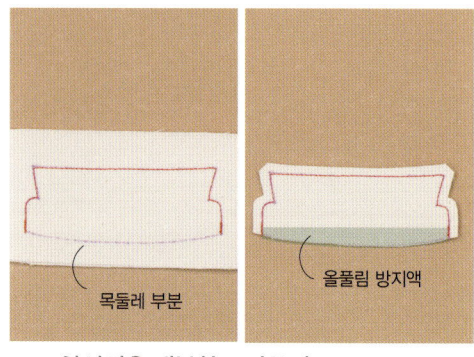

2   완성선을 재봉하고 자른다

원단 2장을 겹쳐, 목둘레 부분을 제외하고 완성선을 재봉한다. 가장자리 시접을 약 2㎜ 남기고 잘라내고, 목둘레 부분 시접에는 올풀림 방지액을 발라둔다.

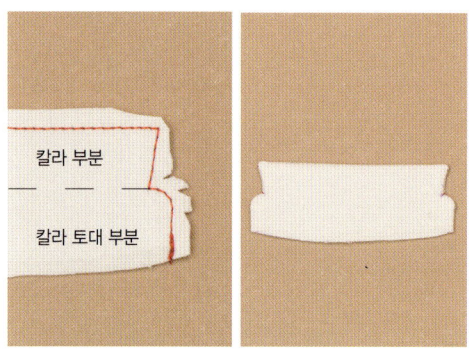

3   가위집을 넣고 뒤집는다

칼라의 토대 부분 시접을 삼각형으로 잘라 겉으로 뒤집는다. 송곳으로 모서리를 내고 다림질로 정리한다.

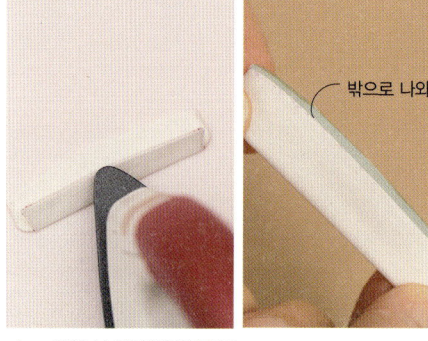

4   접어서 다림질한다

칼라와 칼라 토대 부분의 경계를 접어 다림질한다(좌). 칼라 토대 부분이 밖으로 조금 나온 상태가 된다(우).

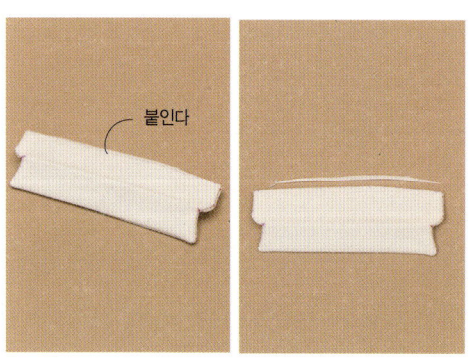

5   튀어 나온 부분을 자른다

이 상태 그대로 2겹의 원단을 원단용 접착제로 붙이고(좌), 밖으로 나온 부분을 잘라낸다(우).

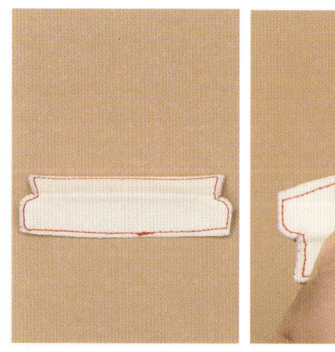

6   가장자리에 스티치한다

칼라 가장자리를 박고 중심을 표시한다.

7 뒤중심에 맞춰 붙인다
몸판 목둘레에 가위집을 넣는다. 목둘레의 뒤중심과 칼라의 중심을 맞춰 원단용 접착제로 붙인다.

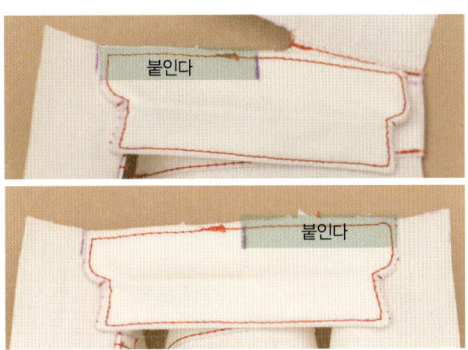

8 좌우의 위치에 맞춰 붙인다
칼라의 양끝을 몸판 좌우의 칼라 붙이는 위치에 맞춰서, 한쪽씩 원단용 접착제로 붙인다.

9 안단을 접어서 붙인다
몸판 양끝의 안단 부분을 접어서 원단용 접착제로 붙인다.

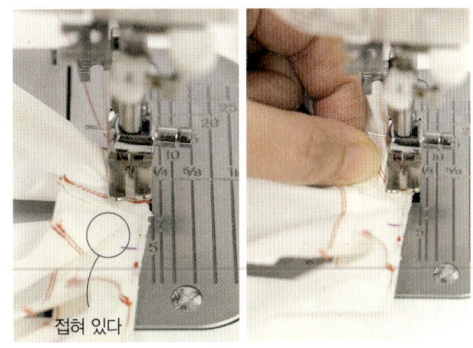

10 목둘레를 재봉한다
몸판 쪽이 위로 가도록 재봉틀에 세팅한다(좌). 어깨 부분이 접혀 들어가거나 어긋나기 쉬우므로, 소매둘레를 잡아 바늘 뒤쪽으로 당기면서 천천히 박는다(우).

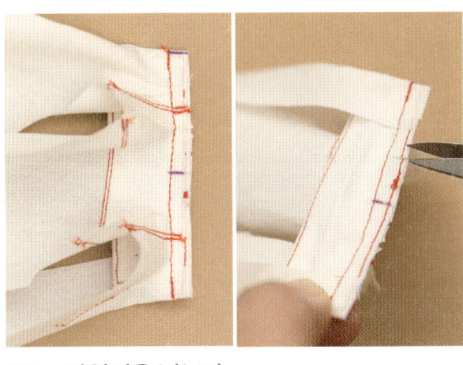

11 가위집을 넣는다
끝까지 다 박았으면 목둘레 시접에 가위집을 넣는다.

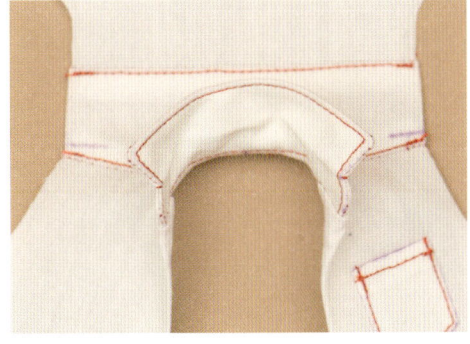

12 완성
안단을 원래 위치로 뒤집고 다림질로 정리한다.

칼라 달기 (플랫 칼라)

칼라 파츠의 곡선과 목둘레가 크게 다르지 않아, 셔츠칼라보다 쉽게 달 수 있습니다.

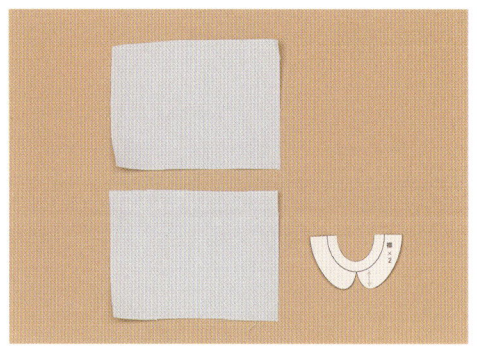

1 원단과 패턴을 준비한다
칼라처럼 작은 파츠는 미리 재단하지 않고, 적당히 자른 원단에 완성선을 그려서 재봉한 후에 재단한다.

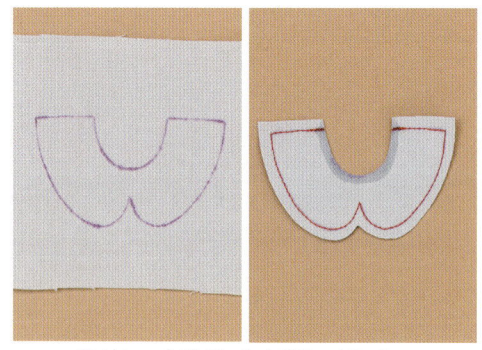

2 재봉하고 올풀림 방지액을 바른다
원단 2장을 겹쳐, 목둘레 부분을 제외하고 완성선을 재봉한다. 시접 2㎜를 남기고 가장자리를 잘라내고, 목둘레 시접에 올풀림 방지액을 바른다.

3 가위집을 넣는다
앞중심의 시접에 가위집을 넣는다.

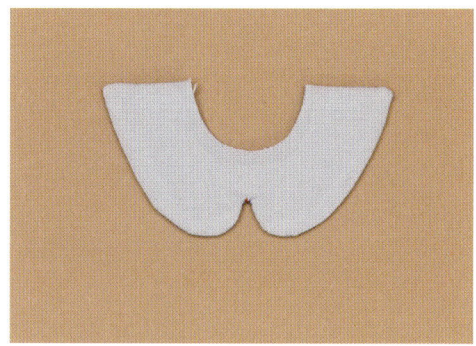

4 겉으로 뒤집는다
겉으로 뒤집어 송곳을 사용해 예쁘게 모서리를 내고 다림질한다.

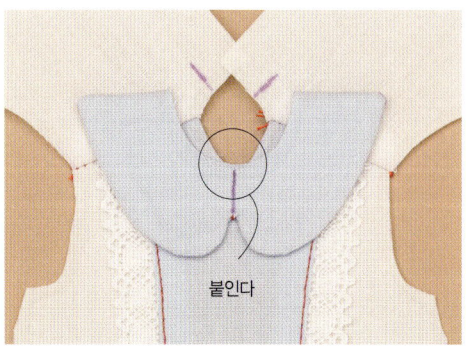

5 앞중심과 맞춰서 붙인다
몸판의 앞중심과 칼라의 중심을 맞춰서 원단용 접착제로 붙인다.

6 칼라를 붙인다
좌우 몸판의 칼라 다는 위치에 맞춰서 칼라를 원단용 접착제로 붙인다.

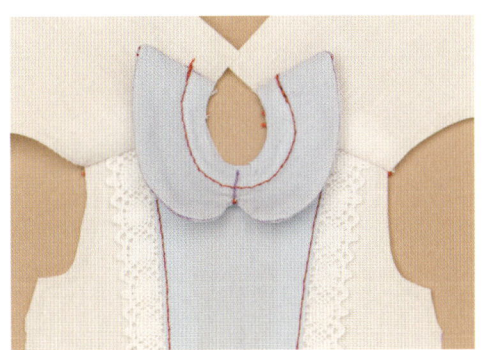

7 재봉한다
목둘레의 완성선을 박아서 몸판에 칼라를 단다.

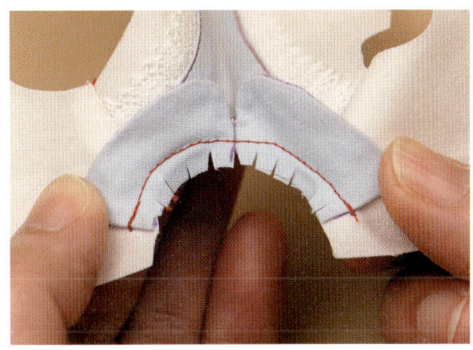

8 가위집을 넣는다
목둘레 시접에 가위집을 넣는다.

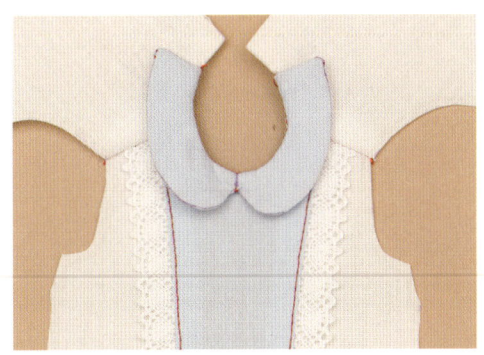

9 시접을 접어 넣는다
시접을 안쪽으로 접어 넣고 다림질한다.

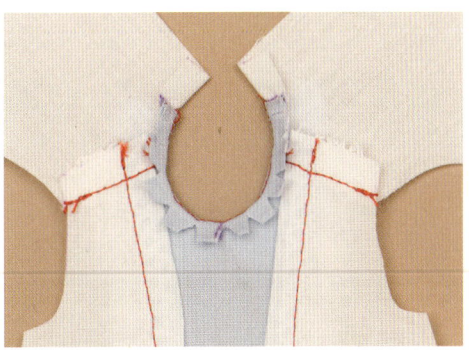

10 안쪽의 모습
안쪽에도 다림질을 해서 시접을 확실하게 눕힌다.

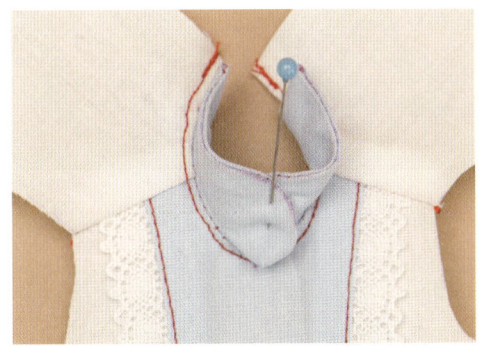

11 스티치로 고정한다
칼라를 위로 올린 후, 목둘레에 스티치를 해서 시접을 고정한다. (이해가 쉽도록 시침핀으로 꽂아 놓았다.)

12 다림질로 정리한다
칼라를 내리고 다림질로 정리하면 완성.

소매 달기(기본 소매와 꿰매 줄이기)

「꿰매 줄이기(일본어로 이세 넣기)」란 길이가 다른 원단을 재봉해 합칠 때 긴 쪽의 원단을 당겨 줄이면서 재봉해 입체감을 살리는 기법입니다. 미리 주름을 잡아 맞출 수도 있지만, 줄일 분량이 조금일 때는 시침질과 함께 줄이면 예쁘게 마무리됩니다.

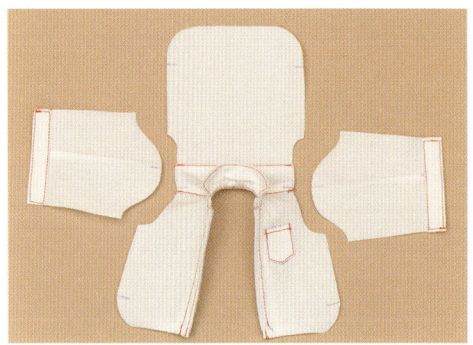

1 각 파츠를 준비한다
몸판과 소매 파츠를 준비한다.

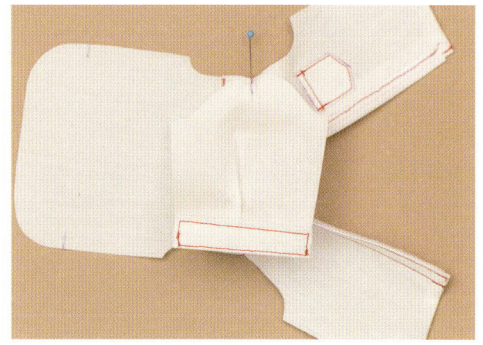

2 몸판과 소매를 겹친다
몸판의 어깨 중심과 소매의 어깨 중심을 맞춰서 시침핀을 꽂는다.

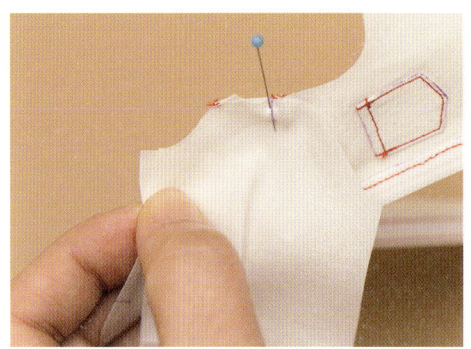

3 소매둘레와 소매산을 맞춰본다
소매산의 길이가 몸판 소매둘레보다 길다는 것을 확인할 수 있다.

4 시침핀을 꽂는다
몸판과 소매 양끝을 겹쳐 시침핀을 꽂는다. 소매산이 소매 둘레보다 긴 만큼 소매에 여유가 생긴다.

5 시접 부분에 시침질을 시작한다
끝에서부터 시침질을 하다가, 중심에 가까워지면 살짝 당기면서 한다.

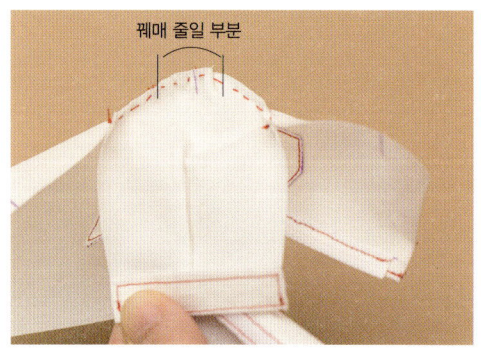

6 줄이면서 시침질한다
중심을 조금 지나갈 때까지는 당기면서 시침질하고, 끝에 가까워지면 당기지 않고 시침질한다. ※소매둘레와 소매산의 길이가 같다면 당기지 않고 시침질한다.

7 재봉틀에 세팅한다
소매 쪽이 위로 가게 재봉틀에 세팅한다. 소매 중심 근처에서 소매가 접히거나 끼는 경우가 많으므로, 중간에 노루발을 올려서 소매 파츠를 앞으로 당겨 원단을 평평하게 한다.

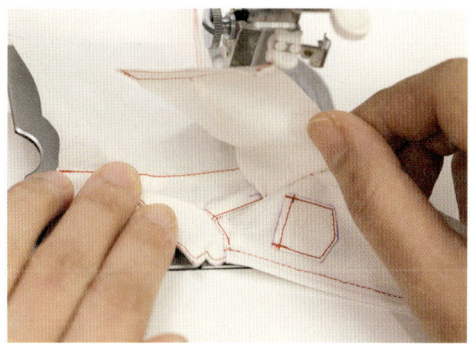

8 재봉 시 주의 ①
위쪽 소매만 신경 쓰다가 아래쪽 몸판이 어긋날 수 있으니, 몸판도 확인하면서 가급적 평평한 상태가 되도록 천천히 박는다.

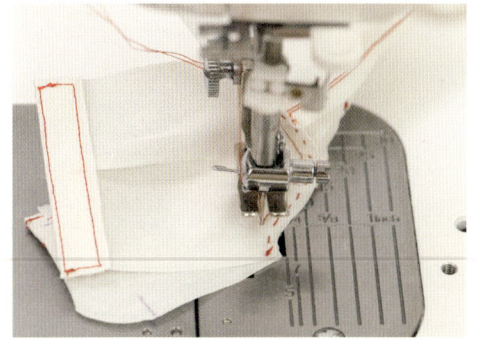

9 재봉 시 주의 ②
소매는 앞쪽으로, 몸판은 안쪽으로 당기는 느낌으로 박는다.

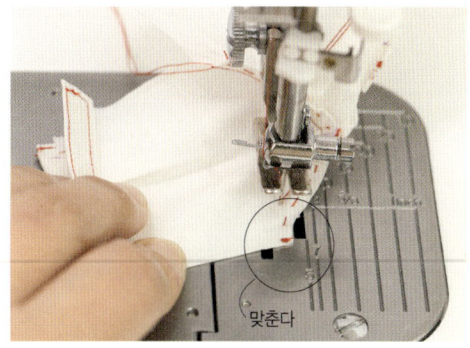

10 재봉 끝부분 주의
마지막은 특히 어긋나기 쉬우니 앞으로 당겨서 확실히 끝을 맞춰 박는다.

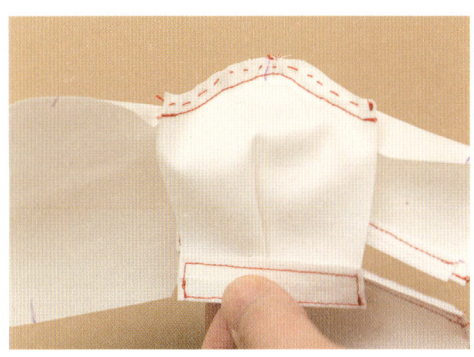

11 소매를 단 모습
소매를 달았으면 시침질한 실을 뺀다.

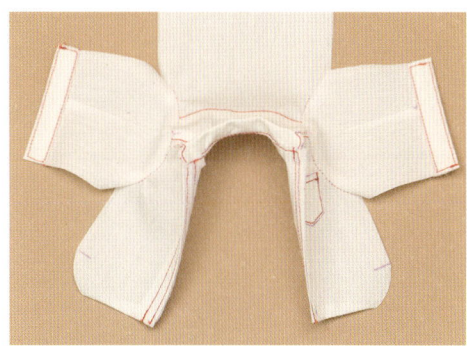

12 완성
소매둘레 시접은 소매 쪽으로 눕히고 다림질한다.

소매 달기 (레글런 소매)

목둘레에서 사선 방향으로 달려 있어 어깨가 완만한 라인을 형성하는 소매를 레글런 소매라고 합니다. 평평한 상태로 재봉할 수 있어 초보자에게 추천하는 소매이기도 합니다.

1   각 파츠를 준비한다
몸판과 소매 파츠를 준비한다.

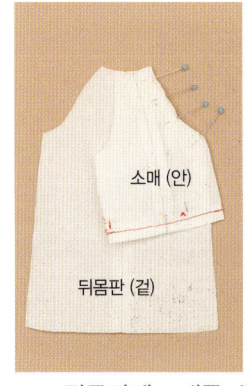 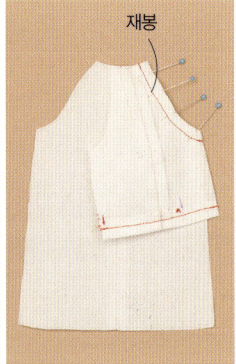

2   뒤몸판에 소매를 재봉한다
뒤몸판의 소매둘레에 소매를 겹치고 시침핀을 꽂는다(좌).
소매의 완성선을 박는다(우).

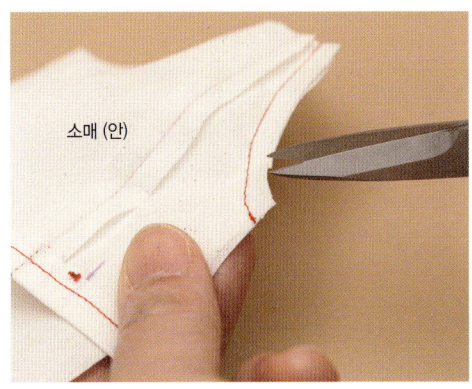

3   가위집을 넣는다
소매둘레 시접에 가위집을 넣는다.

4   소매를 달고 시접을 가른다
뒤몸판에 양쪽 소매를 모두 단다. 시접에 가위집을 넣고 펼친 후 다림질로 가른다.

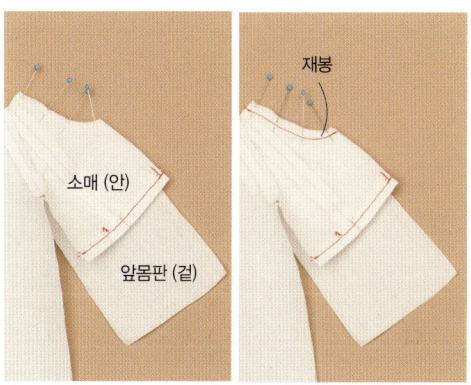

5 소매와 앞몸판을 재봉한다
소매와 앞몸판의 소매둘레를 겹쳐서 시침핀을 꽂는다(좌).
소매의 완성선을 박는다(우).

6 가위집을 넣는다
소매둘레 시접에 가위집을 넣는다.

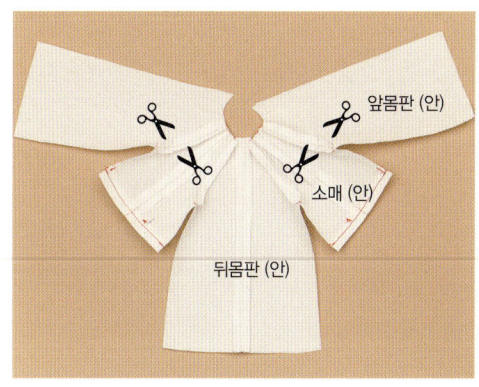

7 시접을 가른다
양쪽 소매에 각각 앞몸판을 재봉해 붙인다. 시접에 가위집을 넣고 펼친 후 다리미로 가른다.

8 소매를 단 모습
뒤몸판, 소매, 앞몸판을 박아서 연결한 모습.

소매 달기 (퍼프 소매)

퍼프 소매란 어깨나 소맷부리에 주름이나 턱을 잡아서 부풀린 형태를 말합니다.
귀여운 분위기로 완성되어 인형옷에서도 인기 디자인입니다.

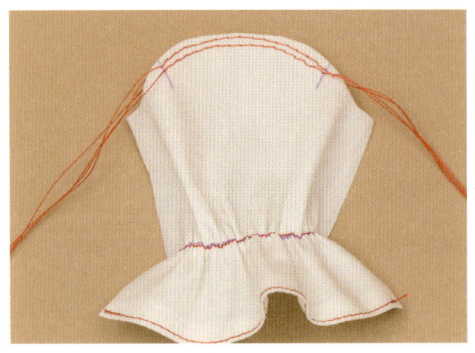

1 주름용 재봉을 한다
소매산의 시접 쪽(완성선 안으로 들어가지 않도록 주의)에 주름용 재봉을 2줄 한다.

2 주름을 잡는다
한쪽은 매듭짓고, 다른 한쪽의 실을 당겨서 주름을 잡는다.
▶자세한 것은 p52 「주름 잡는 법」 참조

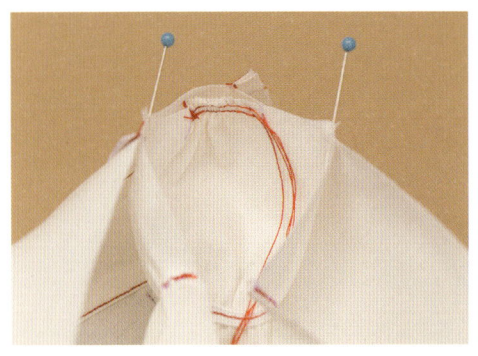

3 양끝에 시침핀을 꽂는다
이 상태에서, 몸판 소매둘레와 소매의 끝을 맞춰서 시침핀을 꽂는다.

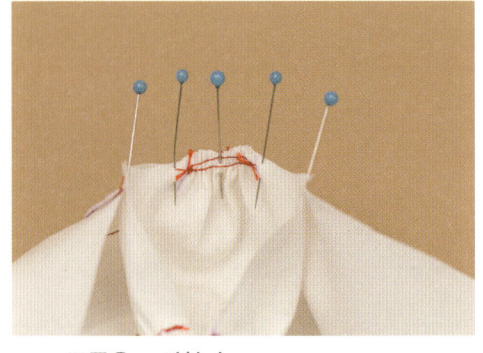

4 주름을 고정한다
소매둘레 길이에 맞춰 실을 매듭지어 주름을 고정한다. 소매산 전체에 시침핀을 꽂는다.

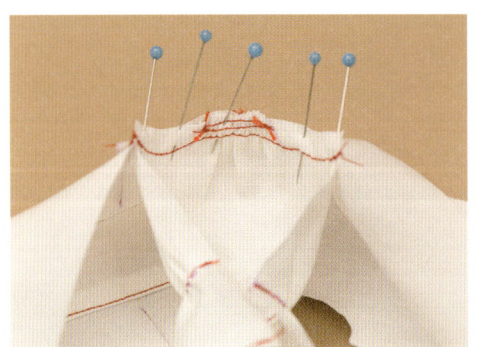

5 소매를 단다
몸판에 소매를 재봉해 단다. ▶자세한 것은 p88 「소매 달기」 참조

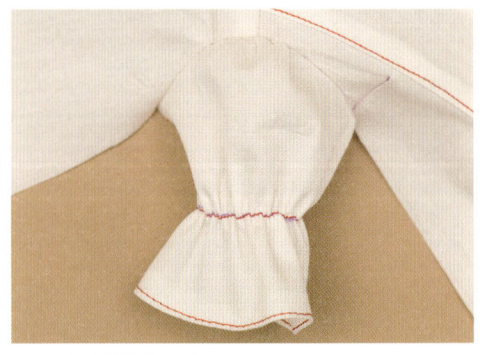

6 소매를 단 모습
시접을 소매 쪽으로 눕히고, 주름이 눌리지 않도록 주의하면서 다림질로 정리한다.

파이핑 테이프

파이핑이란 반으로 접은 천을 원단 이음새에 끼워 장식하는 것을 말합니다.
시판 파이핑 테이프는 인형옷용으로 너무 커서 테이프 만드는 작업부터 시작합니다.

1 실을 준비한다
누빔용 실을 필요한 길이만큼 준비한다.

2 원단을 준비한다
원단은 바이어스 상태(원단의 결에 대해 비스듬한 상태)로 길고 가늘게 재단한다.

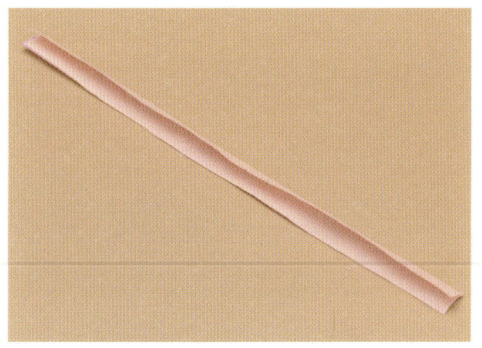

3 원단을 반으로 접는다
원단을 세로 방향으로 반으로 접고 다림질한다.

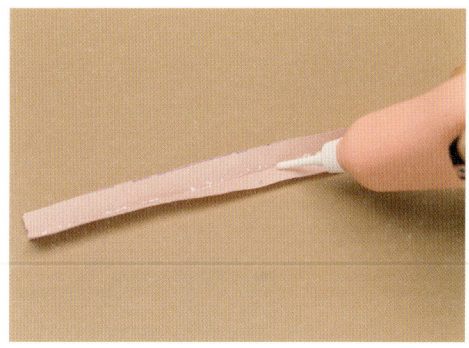

4 원단용 접착제를 바른다
접은 부분에 원단용 접착제를 조금씩 짠다. 많이 짜면 겉으로 스며 나오니 주의한다.

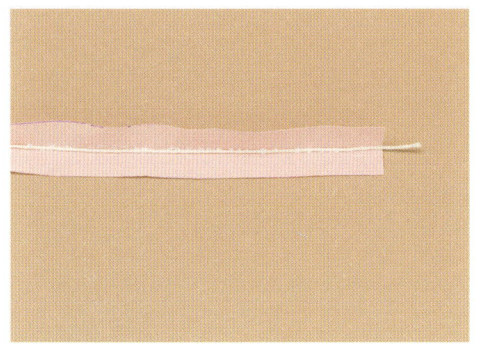

5 실을 붙인다
원단용 접착제 위에 준비한 실을 붙인다.

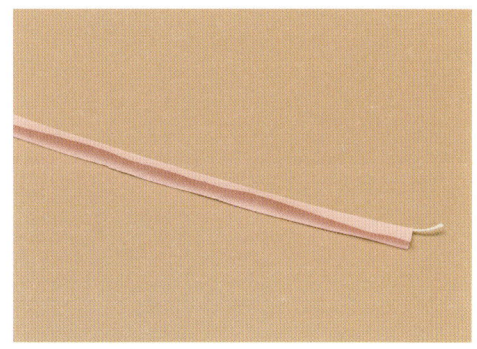

6 다시 접는다
원단을 다시 반으로 접는다.

7 원단용 접착제를 다시 바른다
실을 붙인 앞쪽에 다시 한 번 접착제를 조금씩 짠다.

8 붙인다
원단을 접어서 접착한다.

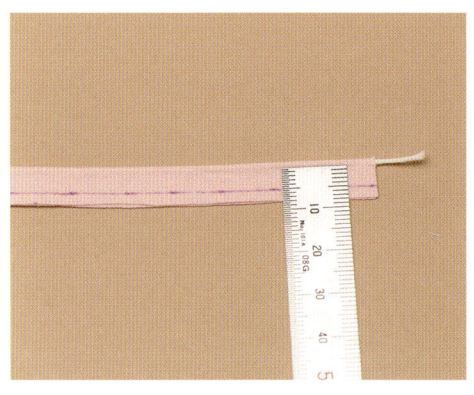

9 표시한다
실이 들어가 있는 부분의 바로 밑에서 시접의 폭만큼 내려와 선을 긋는다. (시접의 폭이란 부착할 곳의 시접 폭을 말한다.)

10 자른다
표시한 선에 맞춰 자르면 파이핑 테이프 완성.

파이핑 테이프를 사용한 예
이 책에서는 요크 둘레 장식으로 사용하고 있는데, 사진처럼 칼라, 앞섶 등 다양한 파츠에 응용할 수 있습니다.

뒤여밈

한쪽 시접을 접지 않는 방법과 좌우 시접을 접는 방법이 있습니다.
여밈 장치도 벨크로, 스냅단추, 후크 등으로 다양합니다.

● 한쪽 시접을 접어넣지 않고 겹침분으로 하는 방법

겹침분이란 겹쳐진 여밈의 아래로 들어가는 부분입니다. 좌우 어디를 아래로 해도 괜찮다고 생각합니다. 오른손잡이인 저는 오른쪽이 위로 가는 것이 옷 갈아입히기 편했습니다. 뒤여밈의 바느질 방법은 p128 「턱 팬츠」, p134 「퍼프 소매 원피스」에 있습니다. 자세한 것은 각 페이지를 참조하세요.

벨크로로 여미기

벨크로는 양면테이프로 붙입니다. 제대로 붙이면 옷 갈아입힐 때도 큰 문제가 없습니다. 벨크로는 까끌한(후크) 면이 위가 되어야 한다고 알려져 있지만, 얇은 벨크로는 어느 쪽이든 괜찮습니다.
벨크로를 재봉해서 달고 싶다면, 뒤에 나오는 「좌우 시접을 접어 재봉하는 방법」을 추천합니다.

스냅단추로 여미기

스냅단추의 바느질 방법은 p41을 참고하세요. 여밈의 위쪽이 되는 곳에 달 때는 바늘땀이 겉에 나오지 않도록 시접 부분에 달아야 합니다.

후크와 실고리로 여미기

후크와 실고리의 바느질 방법은 p41을 참고하세요. 팬츠나 스커트에 흔히 사용하는 여밈 방법입니다.

● 좌우 시접을 접어서 재봉하는 방법

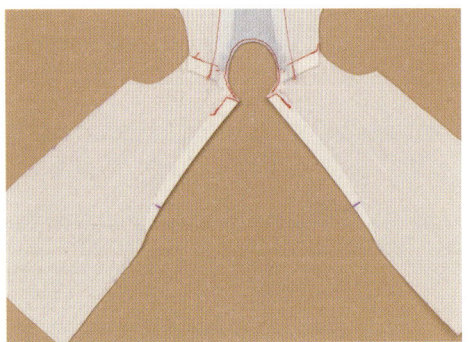

1 완성선을 접는다
좌우 시접의 완성선을 트임 끝의 조금 아래까지 접는다. 트임 끝부터 아래는 자연스럽게 사선이 되도록 한다.

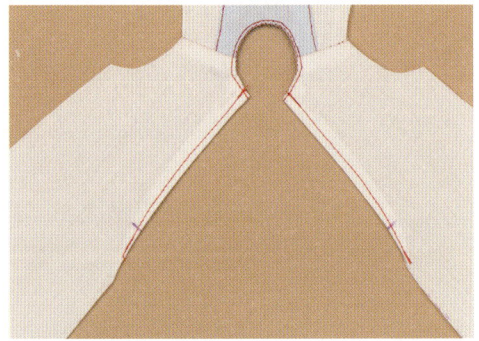

2 시접에 스티치한다
시접 부분을 겉에서 스티치로 고정한다.

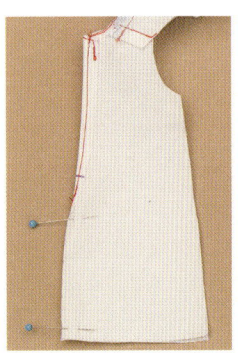 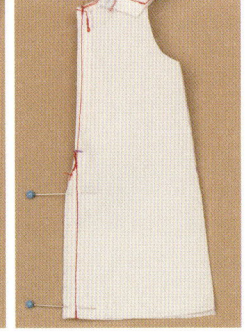

3 뒤중심을 재봉한다
뒤중심을 겉끼리 마주대어 겹치고, 시침핀을 꽂은 후 박는다.

4 시접을 가른다
시접을 펼쳐서 다리미로 가른다.

● 실고리와 비즈 여밈

한쪽에 실고리를 만들고, 반대편에 비즈를 답니다. 비즈는 3mm의 펄 비즈를 추천합니다. 동글동글해서 실고리에 쉽게 채워지고 빠지기는 어렵기 때문입니다.
▶p41 「실고리와 단추형 비즈 다는 방법」 참고.

● 벨크로 여밈

이 경우엔 벨크로의 까끌한(후크) 면이 겹침분을 대신하게 되니 반드시 까끌한 쪽이 아래로 가야 합니다. 위의 2번 단계에서 벨크로를 함께 재봉하는데, 벨크로의 부드러운(루프) 쪽이 뜨지 않도록 양 사이드를 스티치로 고정합니다.

둥근 요크

장식이 없는 기본 요크와 요크 디자인을 돋보이게 해주는 기법들을 소개합니다.

● 장식 없는 요크

1 파츠를 준비한다
요크와 안감용 툴 원단을 준비한다.

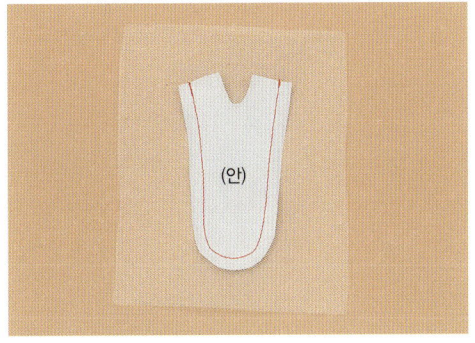

2 요크와 툴을 재봉한다
요크와 안감용 툴을 겉끼리 마주보게 겹쳐 완성선을 박는다.

3 시접을 자른다
커브 부위의 툴을 자르고 시접을 삼각으로 잘라낸다.

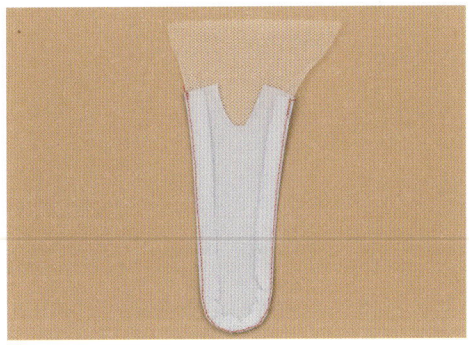

4 겉으로 뒤집는다
요크를 겉으로 뒤집어서 모양을 정리하고 다림질한다.

5 몸판에 접착제를 바른다
요크를 달 몸판 시접에 원단용 접착제를 바른다.

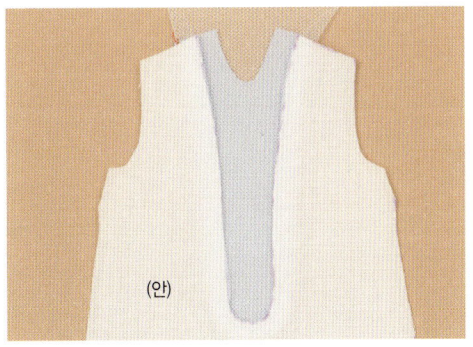

6 요크를 붙인다
몸판 겉면에 요크를 붙인 모습.

7 요크에 스티치한다
요크 가장자리를 따라서 스티치를 넣는다.

8 튤을 잘라낸다
안쪽의 튤은 시접을 남기고 자른다.

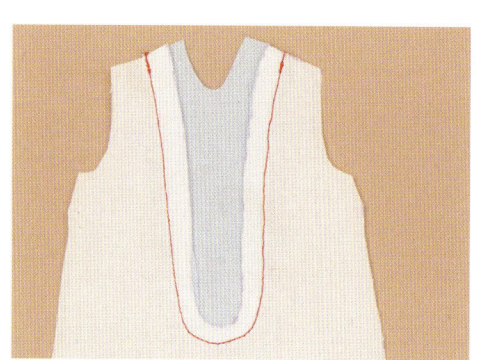

9 안쪽 모습
깔끔하게 정리된 몸판 안쪽.

10 겉쪽 모습
요크가 달린 몸판 겉쪽.

● 파이핑 요크

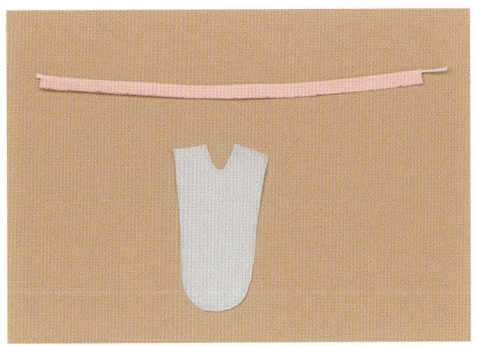

1 파츠를 준비한다
파이핑 테이프를 만든다. ▶자세한 것은 p93 「파이핑 테이프」 참조

2 요크에 붙인다
원단용 접착제를 이용해, 요크 가장자리에 파이핑 테이프를 붙이기 시작한다.

3 가위집을 넣고 재봉한다
요크의 커브 부분은 파이핑 테이프 시접에 가위집을 넣어가며 붙인다(좌). 전체를 붙였으면 완성선을 박는다(우).

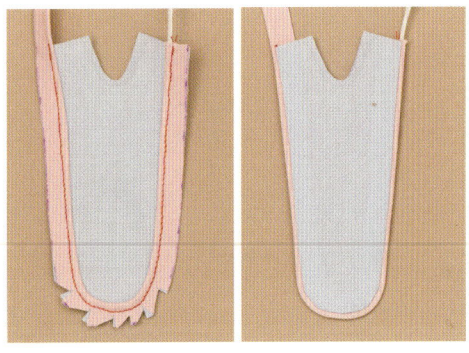

4 시접을 자른다
커브 부분 시접을 삼각으로 잘라낸다(좌). 시접을 요크 안쪽으로 꺾은 후 다림질로 정리한다(우).

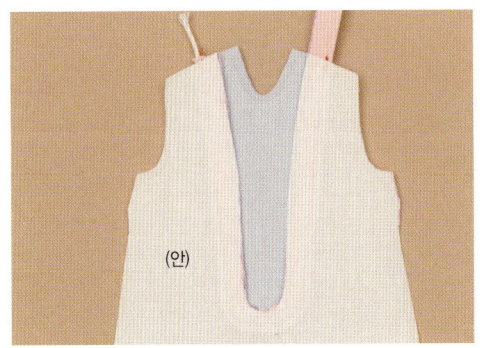

5 몸판에 붙인다
완성된 요크를 몸판 겉면에 원단용 접착제로 붙인다.

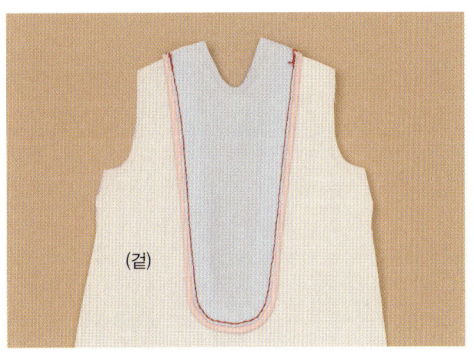

6 스티치한다
요크 가장자리에 스티치를 넣어 고정한다.

● 레이스 요크

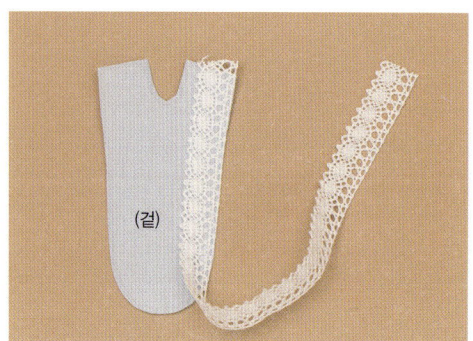

1 레이스를 붙인다
요크 가장자리에 원단용 접착제로 레이스를 붙이기 시작한다.

2 커브 부분엔 턱을 잡는다
커브 부분에서는 레이스에 턱 주름을 잡아가며 전체를 붙인다.

3 재봉한다
완성선을 빙 둘러 박는다.

4 시접을 자른다
커브 부분의 시접을 삼각으로 잘라낸다.

5 시접을 꺾는다
시접을 요크 안쪽으로 꺾은 후 다림질로 정리한다.

6 몸판에 붙이고 스티치한다
원단용 접착제로 요크를 몸판에 붙인 후 스티치를 넣어 고정한다.

각 요크

둥근 요크와 각진 요크는 같은 요크라도 만드는 방법이 다릅니다.
장식이 없는 각 요크는 초보자 분들에게 추천합니다.

● **장식 없는 각 요크**

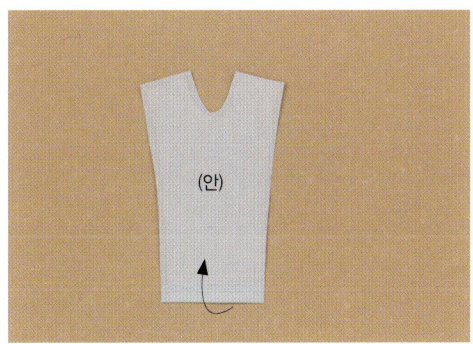

1 요크의 밑단을 접는다
요크의 밑단을 접어 원단용 접착제로 붙인다.

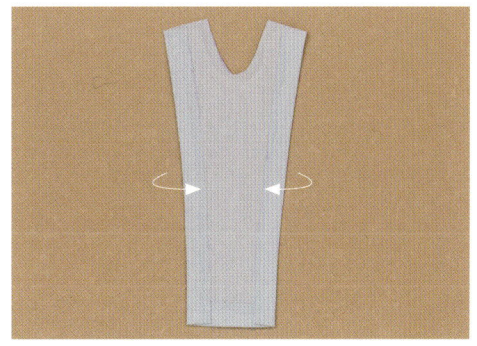

2 요크의 양옆을 접는다
요크의 양옆도 접어 원단용 접착제로 붙인다.

3 몸판에 붙인다
몸판에 맞춰서 원단용 접착제로 붙인다.

4 스티치한다
요크의 가장자리를 스티치로 고정한다.

● 파이핑 요크

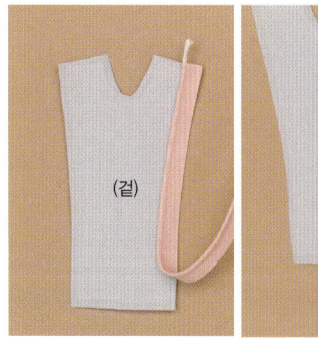 
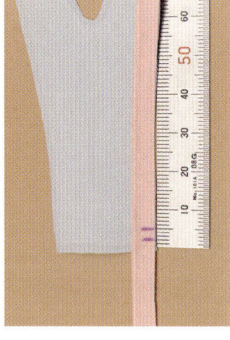 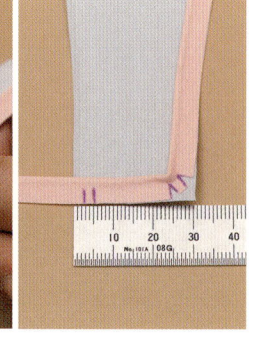

1 요크에 붙이고 표시한다
요크 가장자리에 원단용 접착제로 파이핑 테이프를 붙인다. 모서리 직전까지 붙였다면 아래에서 2.5mm와 5mm 위치에 표시를 한다.

2 가위집을 넣고 붙인다
표시한 부분에 가위집을 넣고 모서리에 맞춰서 파이핑 테이프를 벌려 붙인다. 반대편 모서리도 같은 방법으로 처리한다.

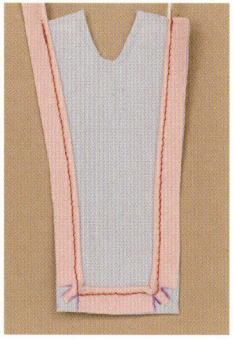

3 재봉한다
전체를 다 붙였으면 완성선을 박는다.

4 모서리 시접을 자른다
시접의 각진 부분을 잘라낸다.

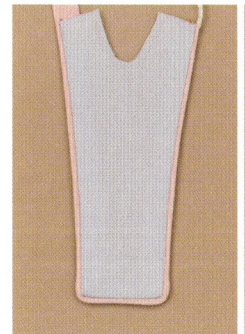

5 시접을 꺾는다
양 옆의 시접을 요크 안쪽으로 꺾은 다음, 아래 시접도 똑같이 꺾어 다림질한다.

6 몸판에 붙이고 스티치한다
원단용 접착제로 요크를 몸판에 붙이고, 요크 가장자리에 스티치를 넣는다.

● 레이스 요크

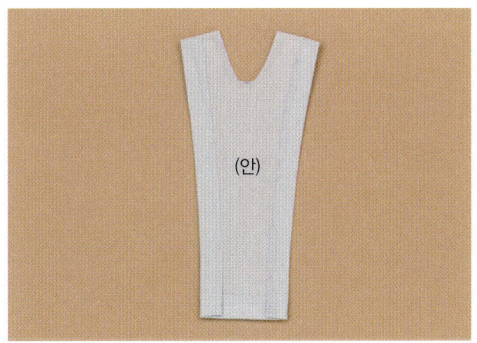

1 요크를 접는다
요크의 밑단과 양옆을 접어 원단용 접착제로 붙인다.

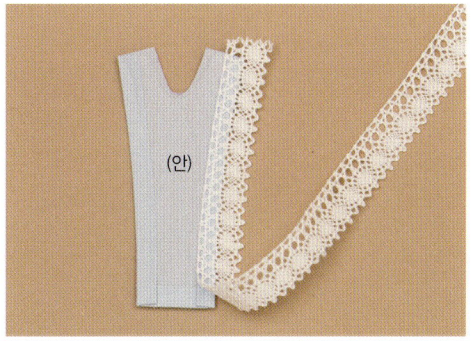

2 안쪽에 레이스를 붙인다
요크 양옆의 시접 끝과 레이스의 끝을 맞춰서 원단용 접착제로 붙여 나간다.

3 모서리는 꺾어 접는다
모서리까지 왔다면 직각이 되도록 꺾어 접어서 요크의 아래쪽에 붙인다.

4 전체에 레이스를 붙인다
다른 쪽 모서리도 같은 식으로 처리한다.

5 스티치한다
원단용 접착제로 요크를 몸판에 붙이고, 요크 가장자리에 스티치를 넣어 고정한다.

커브 밑단의 재봉 방법

셔츠에 흔히 사용되는 둥근 형태의 밑단입니다. 작은 커브라서 그대로 접으면 깔끔한 마무리가 되지 않습니다. 이때는 주름을 잡은 다음 접어야 합니다.

1 커브형 밑단
셔츠 등에 흔히 사용되는 밑단의 형태.

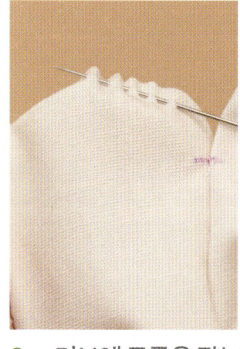

2 커브에 주름을 잡는다
커브 부분의 시접 끝에 홈질을 해서 주름을 잡는다. 이때 너무 빡빡해도 너무 느슨해도 깨끗하게 접을 수 없다. 주름을 잡은 상태에서 원단을 접어서 확인한다.

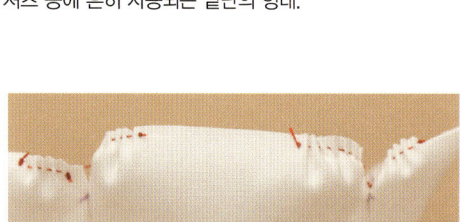

3 전체에 주름을 잡는다
4곳의 커브 각각에 주름을 잡고(위), 시접을 접어서 다림질 한다(아래).

4 스티치하고 실을 뺀다
겉면에서 밑단 가장자리에 스티치를 넣은 다음, 주름용 실을 뺀다.

● **시접의 폭을 좁게**

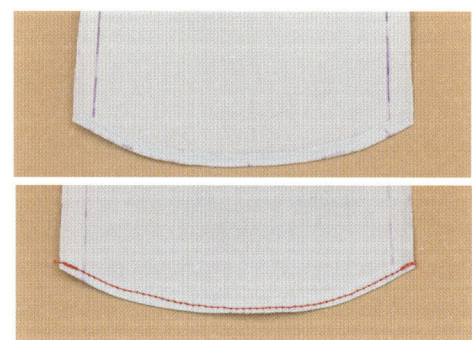

주름을 잡지 않고 그냥 접을 때는 시접의 폭을 3㎜ 정도로 좁게 하면 접기가 수월합니다.
접을 때는 우선 중앙부터 접어서 다림질하고, 그대로 옆으로 밀면서 끝까지 접는 것이 요령입니다.
시접을 좁게 하면 원단의 강도가 걱정되므로, 원단용 접착제로 붙여 강도를 높이는 것도 좋습니다.

패치 포켓

패치란 의미 그대로 붙이는 형태의 포켓을 말합니다.
셔츠, 재킷, 팬츠 등 다양한 의상에서 원 포인트 장식으로 활용합니다.

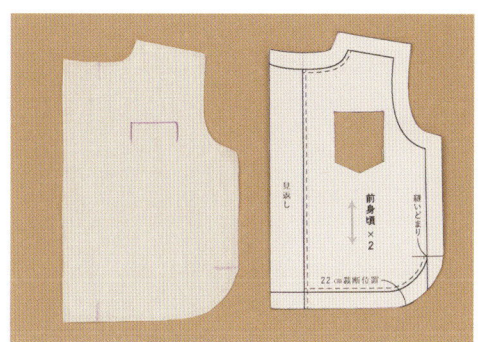

1 몸판에 표시한다

패턴에서 포켓 부분을 잘라내어, 몸판 원단에 부착할 위치를 그려 넣는다.

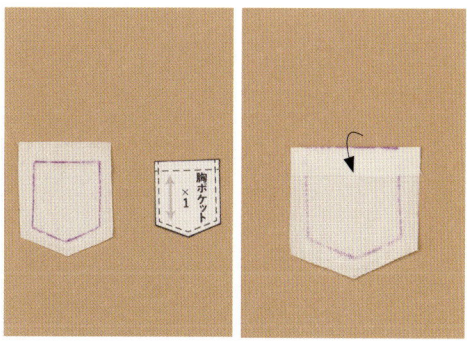

2 포켓 윗부분을 접어 붙인다

포켓용 원단(시접 포함)을 잘라서, 포켓의 완성선을 그린다(좌). 윗부분 완성선을 접어 원단용 접착제로 붙인다(우).

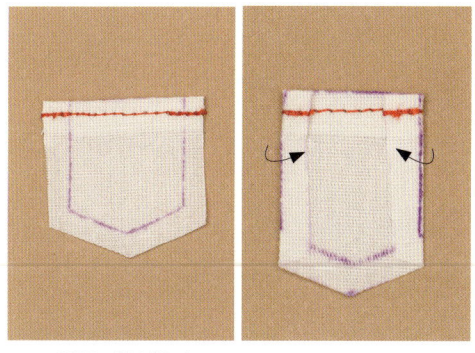

3 위를 재봉한다

윗부분을 박고(좌), 양옆의 완성선을 접어 원단용 접착제로 붙인다(우).

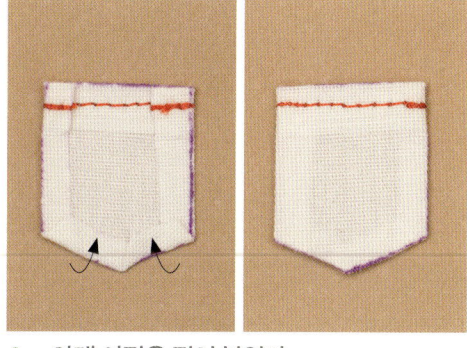

4 아래 시접을 접어 붙인다

아래쪽 완성선을 접어 붙인다(좌). 기본 포켓은 의외로 예쁜 모양을 내기 어려우므로 완성선을 그린 후 접는 것을 추천한다.

5 포켓을 붙인다

포켓을 몸판의 부착 위치에 원단용 접착제로 붙인다.

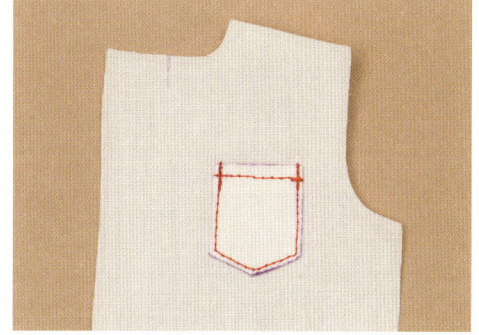

6 가장자리에 스티치한다

포켓 가장자리에 스티치를 넣어 고정한다.

L형 포켓

청바지 앞주머니 등 캐주얼풍 팬츠에 사용되는 포켓입니다.
안쪽에 주머니 천이 딸린 리얼한 포켓 만드는 법을 소개합니다.

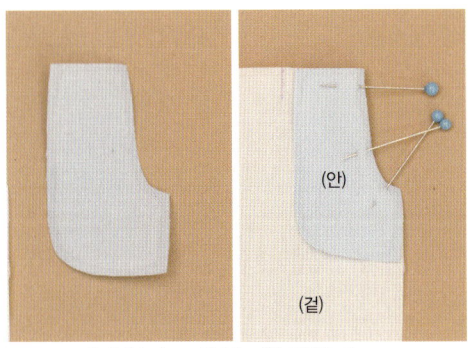

1 주머니 천과 포켓 입구를 겹친다
주머니 천(좌)에 올풀림 방지액을 바른 후, 팬츠의 포켓 입구와 겉끼리 맞대 시침핀을 꽂는다(우).

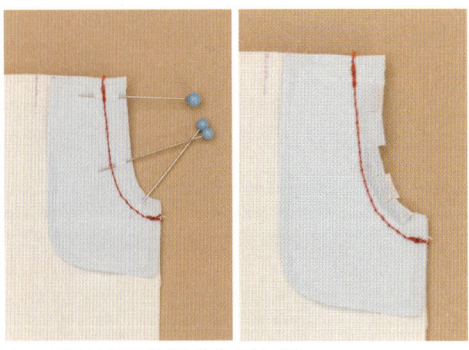

2 재봉하고 가위집을 넣는다
포켓 입구를 박고(좌), 시접에 가위집을 넣는다(우).

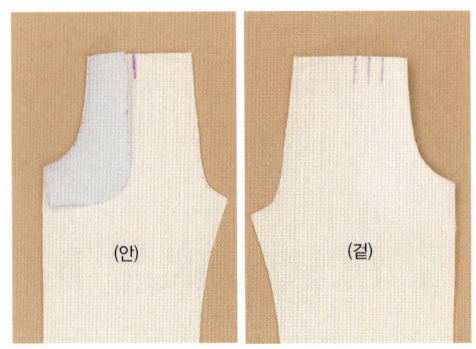

3 주머니 천을 뒤집는다
주머니천을 안쪽으로 뒤집어넣는다. 포켓 입구를 송곳으로 정리하고 다림질한다.

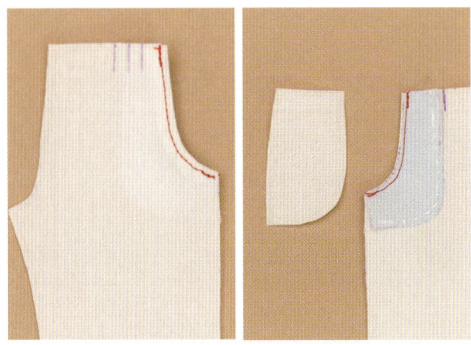

4 포켓 입구에 스티치한다
포켓 입구에 스티치를 넣고(좌), 포켓 맞은편 천을 준비한다(우).

5 주머니 천과 맞은편 천을 붙인다
주머니 천과 맞은편 천을 겹쳐서, 가장자리를 원단용 접착제로 붙인다(좌). 접착제로 붙인 주머니 천 가장자리를 박는다(우). 팬츠를 위로 들어 올려서 재봉하면 편하다.

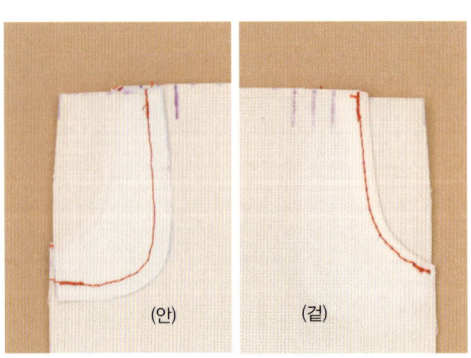

6 완성
다림질로 모양을 정리한다.

상급자편

보다 리얼한 옷을 만들고 싶은 분들에게
실제로 사용할 수 있는 본격적인 디테일의
포켓 만들기 방법 등을 소개합니다.

- 사이드 포켓 ⋯ p109
- 입술 포켓 ⋯ p111
- 플랩 달린 입술 포켓 ⋯ p113
- 트임 있는 커프스 ⋯ p115
- 지퍼 다는 방법 ⋯ p118

Image_2 ⋯ p121

Process 「턱 팬츠」⋯ p128
　　　　「퍼프 소매 원피스」⋯ p134
　　　　「플리츠 랩스커트」⋯ p140
　　　　「셔츠」⋯ p145
　　　　「후드 코트」⋯ p152

칼럼
스티치에 대하여

스티치란 대개 겉에 나와 있는 바늘땀을 말합니다.
인형옷에서는 시접을 고정하거나 보강할 때, 또는 장식을 위해 활용합니다.
한 줄의 스티치라도 어떻게 하느냐에 따라 다양한 연출이 가능합니다.

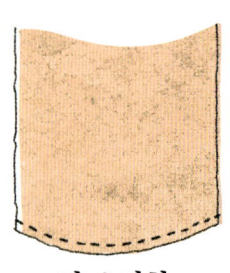

단 스티치
스티치를 그다지 눈에 띄게 하고 싶지 않을 때는 가장자리에 합니다.

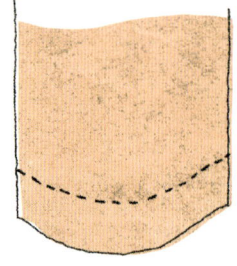

폭이 넓은 스티치
폭을 넓게 하면 스티치가 강조되어 캐주얼한 느낌을 연출합니다.

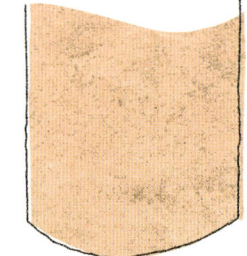

스티치 없음
스티치를 하지 않으면 포멀하고 깔끔한 마감이 됩니다.

스커트
재봉틀의 장식 스티치 기능으로 스커트 밑단에 스티치를 넣으면 귀엽습니다.

데님팬츠
데님팬츠에 2줄 스티치를 넣으면 보다 리얼한 느낌으로 완성됩니다.

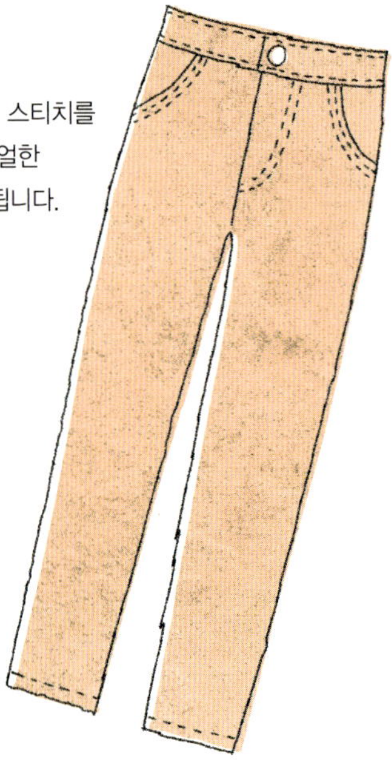

T셔츠
눈에 띄는 색의 스티치를 넣어 디자인 포인트로 활용합니다.

원피스
스티치가 겉으로 보이지 않으면 포멀한 원피스로 완성. 소맷부리나 밑단은 원단용 접착제로 고정해도 됩니다.

스티치는 옷의 마무리에 큰 영향을 미칩니다.
재봉틀의 실 상태를 잘 정리해서 깨끗한 바늘땀이 되도록 해주세요.

사이드 포켓

코트나 원피스의 옆선 부위에 자연스럽게 달려 있는 사이드 포켓.
관절이 있는 인형이라면 포켓에 손을 넣는 것도 가능합니다.

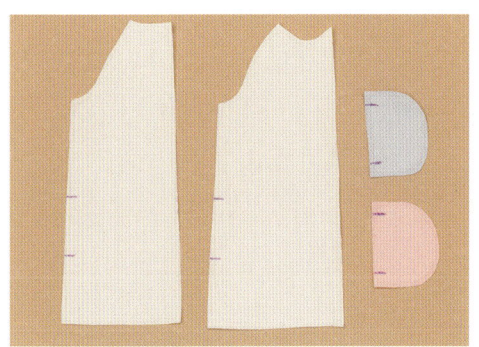

1 파츠를 준비한다
앞뒤 몸판과 앞뒤 포켓에 포켓 위치를 표시한다. 실제로 옷에 달 때는 옆선을 박을 때 포켓을 함께 단다.

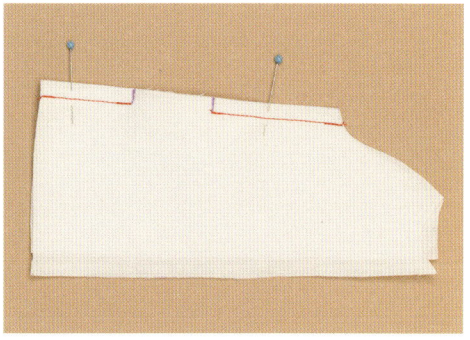

2 앞뒤 몸판을 재봉한다.
앞뒤 몸판의 옆선을 겉끼리 마주대어, 포켓 입구를 남기고 박는다.

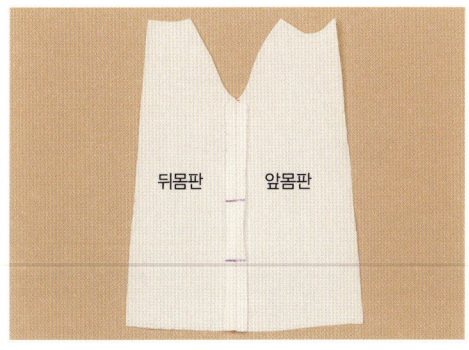

3 시접을 가른다
시접을 펼쳐서 다림질로 가른다.

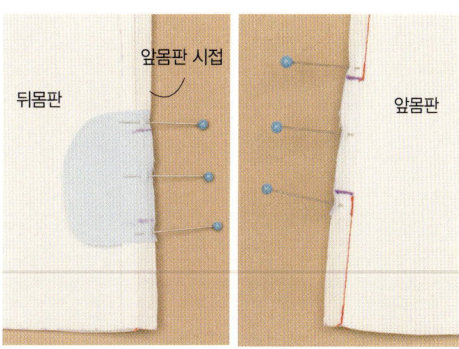

4 앞포켓을 겹친다
앞뒤 몸판을 겹쳐 앞몸판의 시접만 밖으로 내놓은 상태에서, 앞포켓을 달 위치에 맞춰 시침핀을 꽂는다.

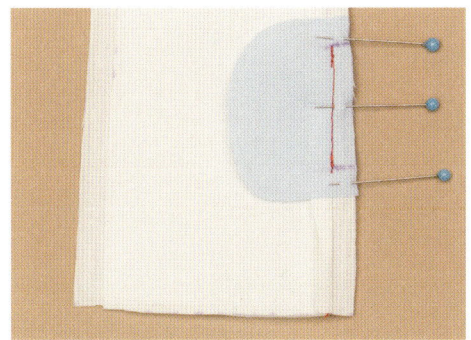

5 포켓 입구를 재봉한다
앞몸판 시접 부분의 포켓 입구를 재봉해 앞포켓을 단다.

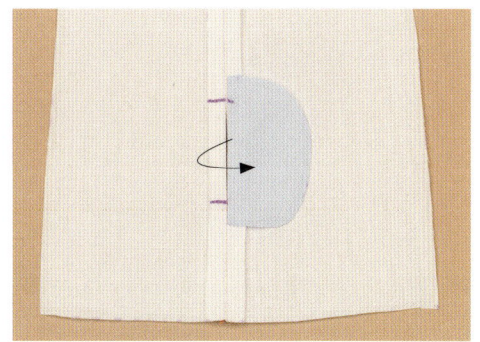

6 포켓을 눕힌다
포켓을 앞몸판 쪽으로 눕히고 다림질한다.

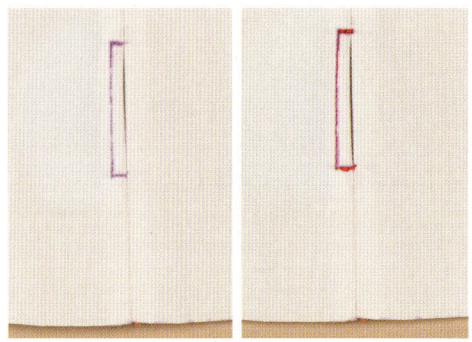

7 포켓 입구에 스티치한다
앞몸판 쪽 포켓 입구에 스티치 라인을 그리고(좌), 스티치를 넣는다(우).

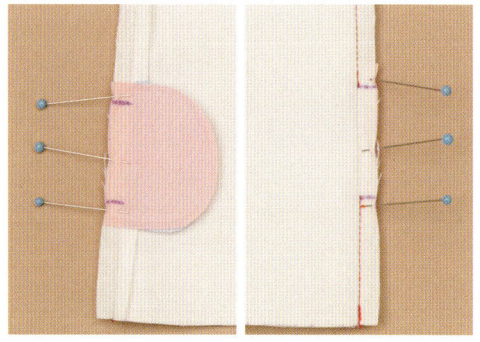

8 뒤포켓을 겹친다
이번엔 뒤몸판의 시접을 밖으로 내놓은 상태에서, 뒤포켓을 겹쳐서 시침핀을 꽂는다.

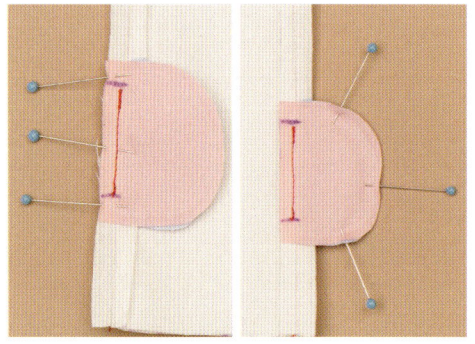

9 포켓 입구를 재봉한다
뒤몸판 쪽 시접 부분의 포켓 입구를 박는다(좌). 앞뒤 포켓을 맞춰서 시침핀을 꽂는다(우).

10 포켓의 가장자리를 박는다
앞포켓 쪽에서 포켓의 가장자리를 박는다(좌). 몸판을 겉으로 돌려 다림질로 정리한다(우).

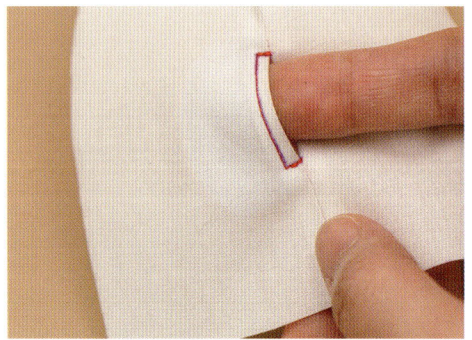

11 완성
손가락을 넣는 것도 가능한 리얼한 포켓 완성.

입술 포켓

가위집을 넣어서 만드는 본격적인 입술 포켓입니다만,
1/6 스케일에 맞춰서 재봉하기 쉽게 어레인지했습니다.
여기서는 팬츠의 뒷주머니로 활용했지만, 코트나 재킷 등에도 어울립니다.

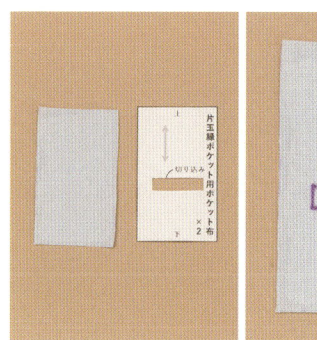
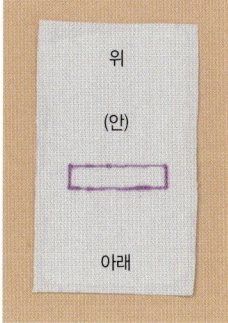

1 포켓 원단에 표시한다
포켓 패턴에서 입구 부분을 도려내어, 원단 안쪽 면에 놓고 표시한다.

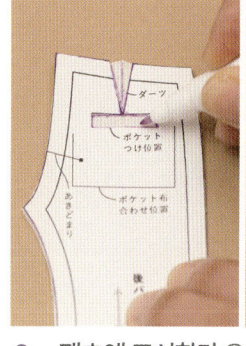
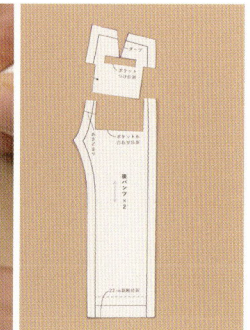

2 팬츠에 표시한다 ①
팬츠 패턴의 포켓 입구를 도려내어 원단 안쪽에 놓고 표시하고(좌) 표시 부분에 접착심을 붙인다. 패턴의 포켓 원단 맞추는 위치도 자른다(우).

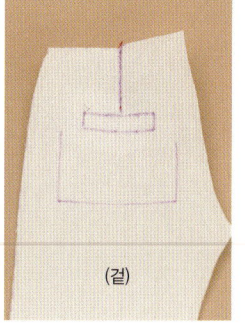

3 팬츠에 표시한다 ②
패턴을 원단 위에 놓고, 포켓 원단 맞추는 위치를 표시한다.

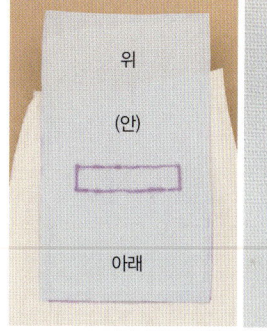
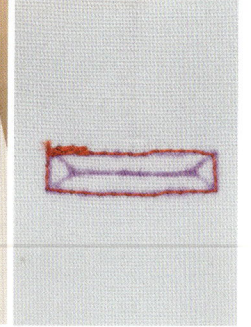

4 포켓 원단을 재봉한다
팬츠의 포켓 원단 맞추는 위치에 포켓 원단을 겹친다(좌). 포켓 입구 가장자리를 가능한 한 촘촘한 바늘땀으로 박은 후, 안에 가위집 선을 그린다(우).

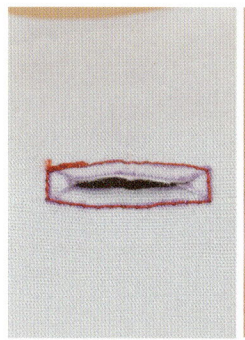
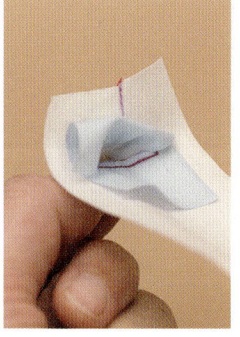

5 가위집을 넣어 뒤집는다
가위집 선을 따라 가위집을 넣는다(좌). 가위집 구멍으로 포켓 원단을 집어넣어 뒤집는다(우).

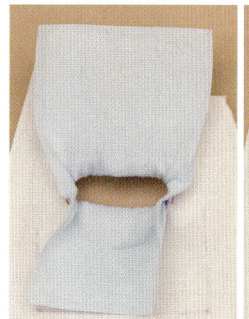
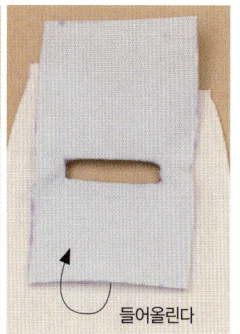

6 다림질한다
뒤집으면 포켓 원단이 쭈글거리므로(좌) 꼼꼼하게 다림질한다. 포켓 원단의 아래쪽을 위로 들어올린다(우).

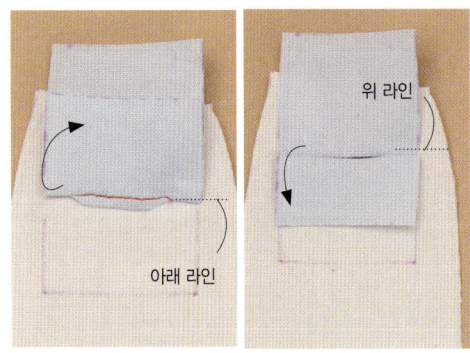

7 포켓 원단을 접는다

포켓 원단의 아래 부분을 포켓 입구의 아래 라인에 맞춰서 위로 접고(좌), 위 라인에 맞춰 다시 아래를 향해 접는다(우).

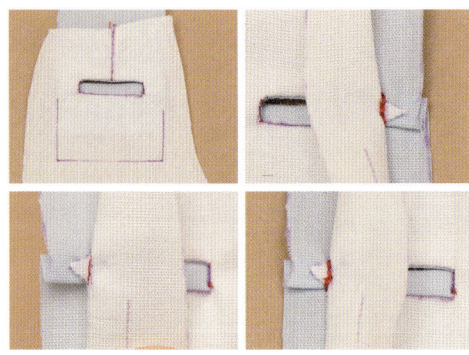

8 시접을 재봉한다

팬츠를 겉쪽으로 돌려서 팬츠 옆을 들추면 삼각형의 작은 시접이 있으니, 그 위를 박아서 고정한다. 양옆을 똑같이 처리한다.

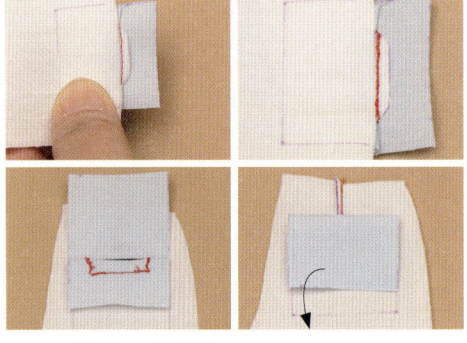

9 시접을 고정한다

팬츠의 아래쪽도 들춰서 포켓 입구 아래의 좁은 바늘땀 위를 박는다. 팬츠를 안쪽으로 돌려서 포켓 원단의 윗부분을 아랫부분의 길이에 맞춰서 접고 다림질한다.

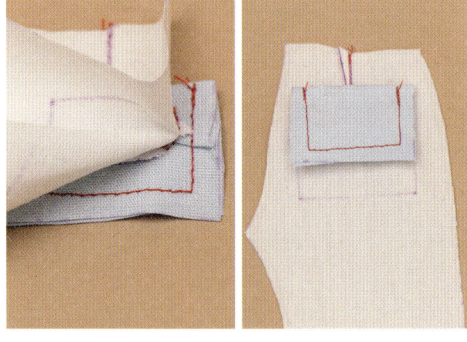

10 가장자리를 박는다

팬츠를 겉으로 돌려서 천을 들춰가며 포켓 원단 가장자리에 스티치하고 다림질한다.

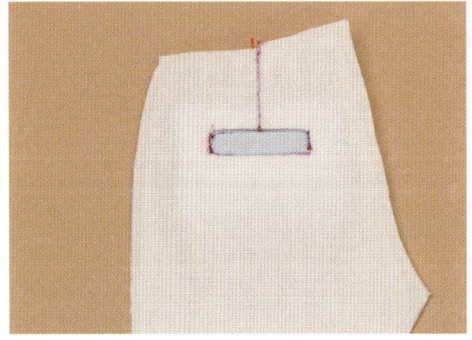

11 완성

입술 포켓 완성

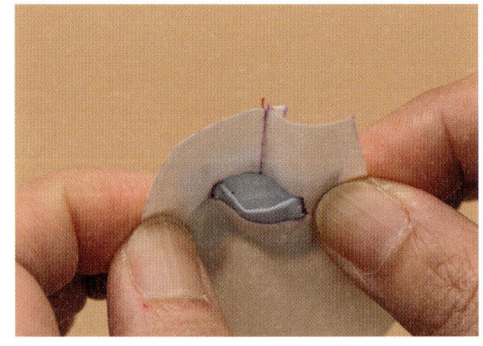

12 열어본 모습

위쪽이 열어 있어 물건도 넣을 수 있다.

플랩 달린 입술 포켓

입술 포켓에 플랩이 달린 버전입니다. 조금 더 어려워지지만 리얼하게 완성되니 꼭 도전해 보세요. 코트나 재킷에 추천합니다.

 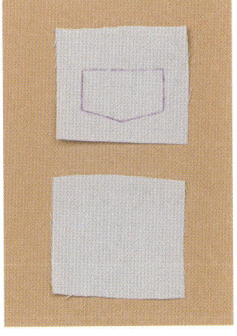

1 표시한다

원단에 표시를 그려넣는다(좌). ▶자세한 것은 p111 참고. 원단에 플랩 패턴을 그린다(우). ※원래는 플랩과 포켓을 같은 색으로 하지만 여기서는 식별을 위해 다른 색을 썼다.

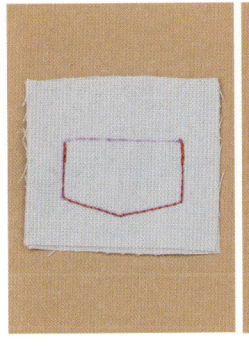 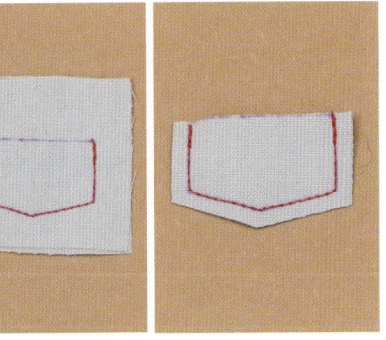

2 플랩을 재봉한다

2장의 플랩용 원단을 겉끼리 마주대어 플랩의 완성선을 박는다. 시접을 3mm 정도 남기고 자른다.

 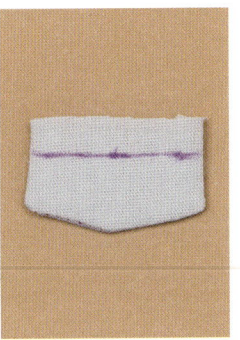

3 뒤집는다

시접의 모서리를 자르고 플랩 위쪽에 올풀림 방지제를 발라 건조시킨다. 플랩을 뒤집어 송곳으로 정리하고 다림질한다. 플랩 위에 완성선을 그린다.

 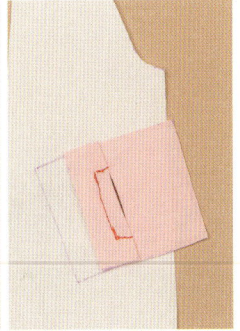

4 입술 포켓을 재봉한다

입술 포켓 만드는 법 4번에서 9번까지의 과정을 진행한다. (포켓 원단의 윗부분은 접지 않은 상태)

 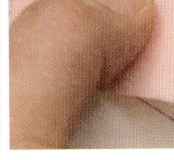

5 플랩을 집어넣고 붙인다

플랩의 시접 부분을 포켓 안으로 집어넣는다. 플랩의 완성선과 포켓 입구의 윗부분을 맞춰, 플랩 시접에 원단용 접착제를 발라 붙인다.

6 안쪽 모습

몸판 안쪽에서 본 모습.

7 시접을 재봉한다
몸판을 겉으로 돌린다. 포켓 입구의 윗부분을 들춰서 좁은 바늘땀 위를 박는다.

8 고정된 플랩
재봉으로 플랩이 고정된 상태.

  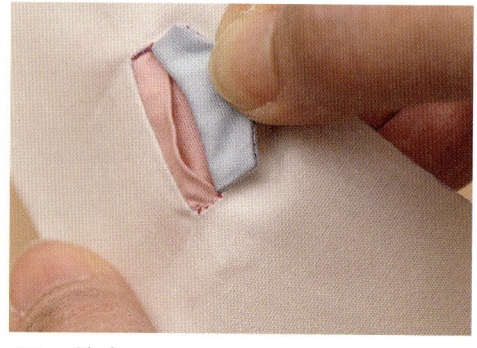

9 포켓을 접어서 재봉한다
포켓 원단의 위쪽을 아래쪽에 맞춰서 접고 가장자리를 박는다.

10 완성
플랩 달린 입술 포켓 완성.

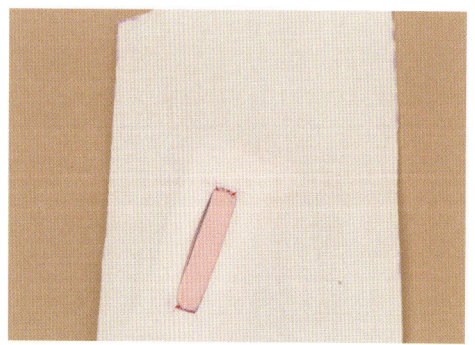

11 플랩을 집어넣은 모습
플랩을 포켓 안쪽으로 넣을 수도 있다.

트임 있는 커프스

1/6 스케일에선 거의 사용하지 않는 커프스 트임입니다만,
보다 리얼한 옷 만들기를 추구하시는 분들은 꼭 도전해 보시길 바랍니다.
물론 사람 옷의 기법은 아니고, 인형용으로 생략한 방법을 소개합니다.

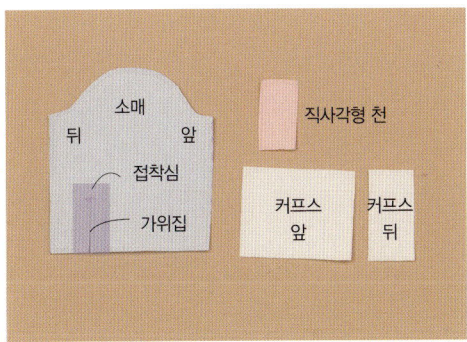

1 파츠를 준비한다

소맷부리의 가위집 위치에 접착심을 붙이고 가위집을 넣는다.

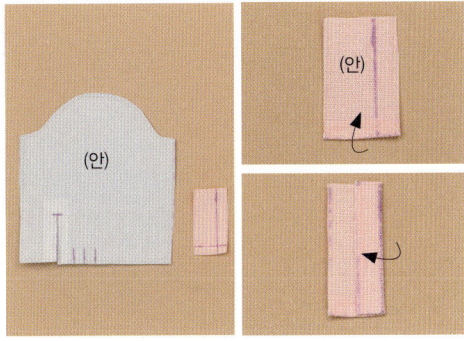

2 직사각형 천을 접어 붙인다

소맷부리에 턱 표시를 하고, 완성선을 그린다(좌). 직사각형 천은 표시된 대로 밑단과 옆을 접어서 원단용 접착제로 붙인다(우).

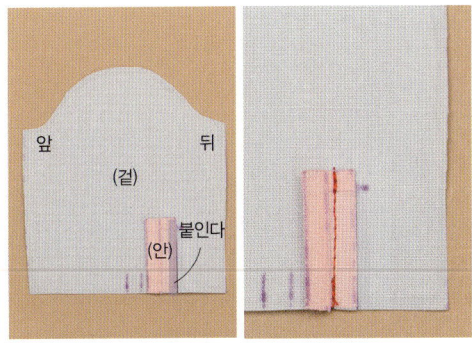

3 소맷부리에 직사각형 천을 재봉한다

직사각형 천의 밑단을 접은 쪽을 위로 가게 해서 가위집에 맞추고, 단을 원단용 접착제로 붙인다(좌). 완성선을 박는다(우).

4 직사각형 천을 눕힌다

직사각형 천을 가위집 쪽으로 눕히고 다림질하여 원단용 접착제로 붙인다.

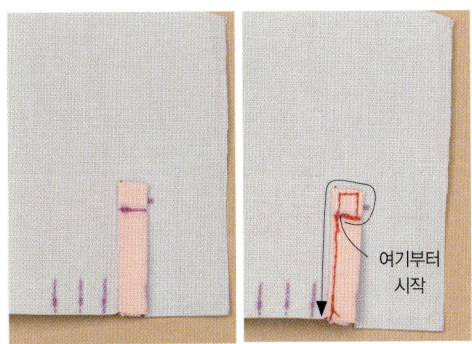

5 직사각형 천에 스티치한다

직사각형 천에 스티치 라인을 그리고(좌), 사진을 참고해 스티치한다(우).

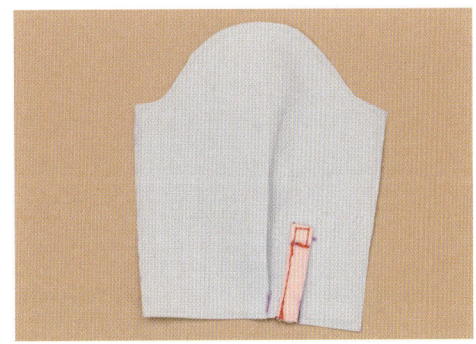

6 턱을 잡는다

소맷부리에 턱 주름을 잡아준다.

7 커프스를 접는다
앞뒤의 커프스를 각각 반으로 접어 다림질한다.

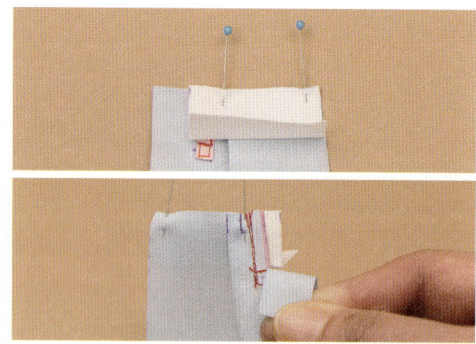

8 앞커프스를 겹친다
앞커프스를 소맷부리에 겹쳐 시침핀을 꽂는다(위). 커프스 트임에서 끝이 튀어나온 상태가 된다(아래).

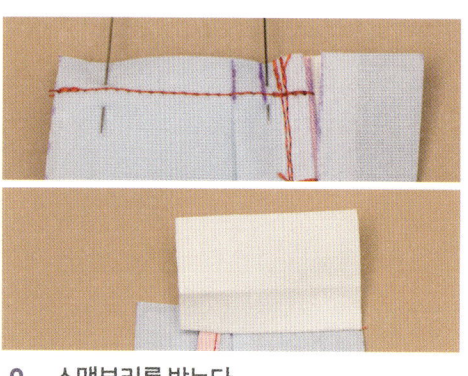

9 소맷부리를 박는다
소맷부리를 박는다(위). 시접을 커프스 쪽으로 눕히고 다림질한다(아래).

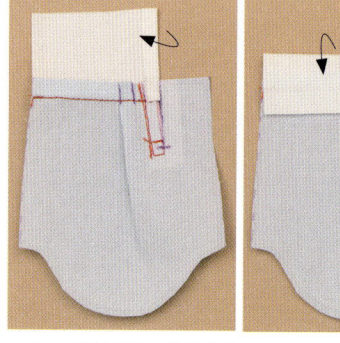

10 접어넣고 붙인다
밖으로 튀어나온 부분을 안으로 접어넣고 원단용 접착제로 붙인다(좌). 커프스를 다시 반으로 접어 원단용 접착제로 붙인다(우).

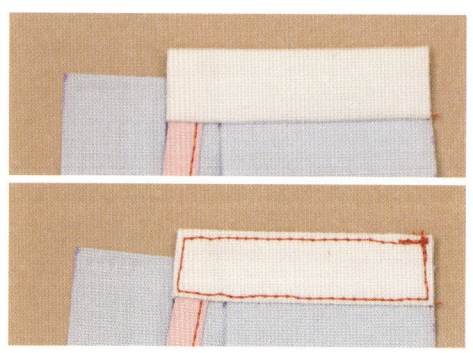

11 앞 커프스에 스티치한다
커프스의 가장자리에 빙 둘러 스티치를 넣는다.

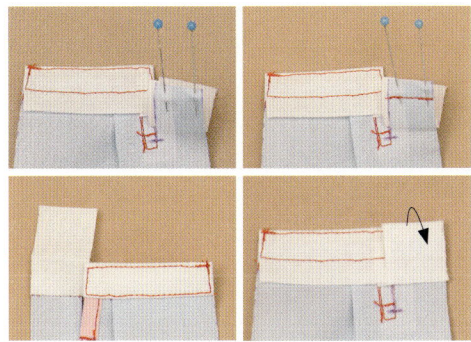

12 뒤커프스를 박는다
뒤 커프스도 같은 식으로 겹쳐서 박는다. 트임에서 밖으로 나온 부분은 접어넣지 말고 그대로 커프스를 반으로 접는다.

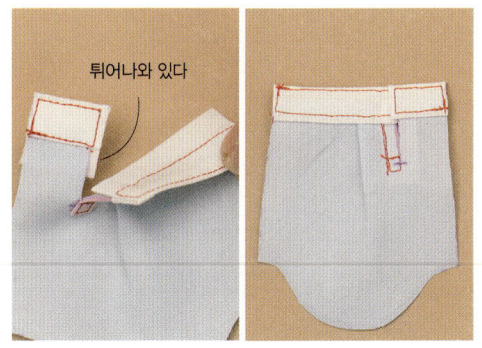

13 뒤커프스에 스티치한다
뒤커프스의 가장자리에 스티치한다(좌). 커프스 안쪽에 남아 있는 시접을 2mm 정도 남기고 잘라낸다. 튀어나온 부분이 여밈분이 된다.

14 단추나 비즈를 단다
앞커프스를 뒤커프스에 겹쳐서 단추나 비즈를 달아 여민다.

지퍼 다는 방법

오픈 타입의 미니 지퍼를 다는 방법입니다. 후드나 칼라가 있는 아우터류에 추천하는 방법입니다.
지퍼에 대해서는 p120의 칼럼도 참고해 주세요.

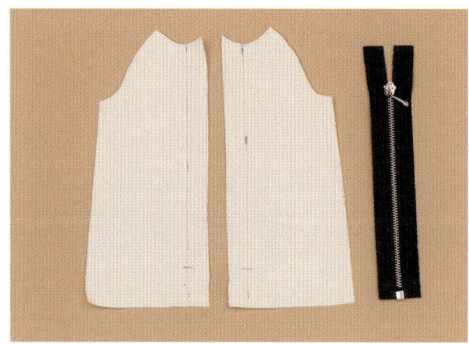

1 파츠를 준비한다
앞몸판과 지퍼를 준비한다.

2 완성선을 접어 다림질한다
앞몸판의 안단 부분을 접어 다림질한다.

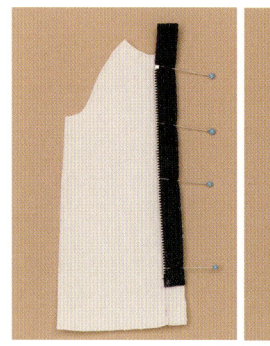 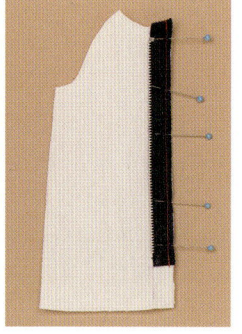

3 안단에 지퍼를 재봉한다
지퍼의 위 잠금쇠(Top Stop)가 목둘레 완성선보다 조금 아래로 오도록 시침핀을 꽂는다(좌). 지퍼의 끝단에 스티치한다(우). 여분의 지퍼를 잘라내고 올풀림 방지를 한다.

4 반대쪽도 똑같이 한다
반대편 지퍼도 같은 식으로 박는다. 재봉 시, 지퍼의 슬라이더가 방해가 된다면 노루발을 올려서 방해가 되지 않는 위치까지 슬라이더를 옮겨 가면서 박는다.

5 각 파츠를 이은 모습
뒤몸판과 소매 등의 파츠를 박아서 합친 모습.
▶자세한 것은 p152 「후드 코트」 참조

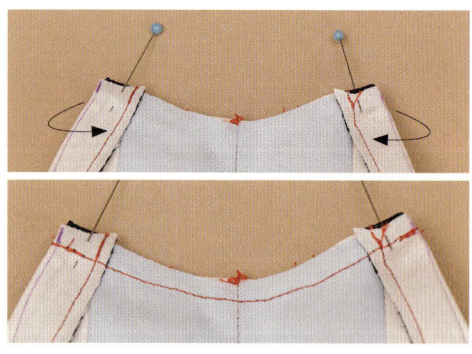

6 안단을 접어 목둘레를 재봉한다
후드 위에 지퍼가 달린 안단을 겹쳐서 시침핀으로 고정하고 목둘레를 박는다.

7 가위집을 넣는다
목둘레 시접에 가위집을 넣는다.

8 안단 아래를 재봉한다
안단의 아래쪽 단 부분을 시침핀으로 고정하고 박는다.

9 안단을 뒤집는다
안단을 겉으로 뒤집어 다림질한다.

10 안쪽 모습
깔끔하게 마무리된 안쪽 모습.

11 앞섶에 스티치한다
지퍼의 아래쪽 잠금쇠(Bottom Stop)가 걸려서 박기 어려운 경우, 재봉틀의 노루발을 지퍼용으로 교체하면 된다. 없을 때는 천천히 박거나 재봉 위치를 조정한다.

12 완성
지퍼로 여민 후드 코트.

칼럼
지퍼에 대하여

인형용으로 사용하는 지퍼에도 여러 종류가 있습니다.
자주 사용하는 지퍼는 p20에서 소개하고 있으니 참고해 주세요.

[아래가 클로즈 타입인 미니 지퍼]

작은 사이즈로 깔끔하지만, 아래쪽이 열리지 않아 옷 갈아입히기가 어렵습니다.

[이빨 사이즈가 큰 편인 메탈 지퍼]

슬라이더의 사이즈가 크기 때문에 슬라이더는 사용하지 않고 이빨 부분만 사용합니다. 잠글 수는 없습니다.

[오픈 타입의 미니 지퍼]

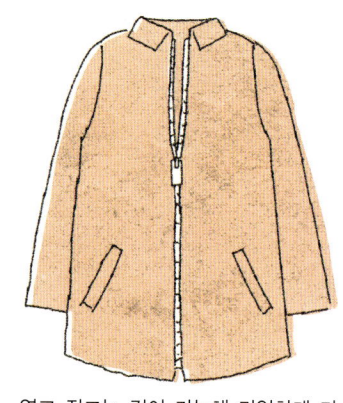

열고 잠그는 것이 가능해 리얼하게 마무리되지만, 지퍼를 끼우는 부분(Insert Pin)이 조금 약하기 때문에 잠글 때 요령이 필요합니다.

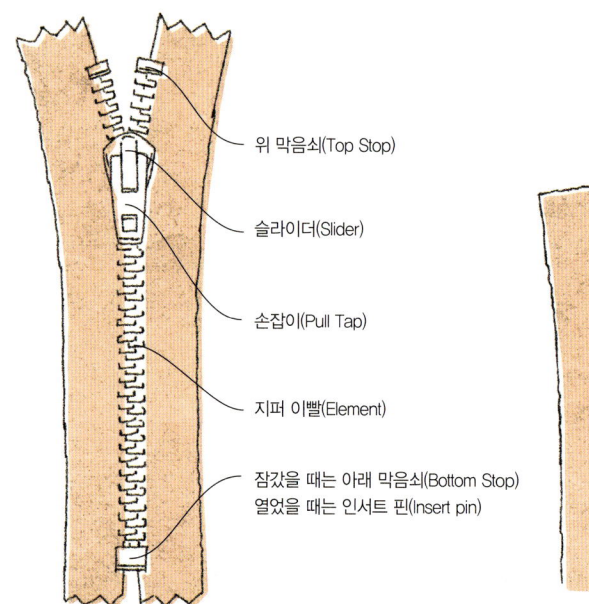

- 위 막음쇠(Top Stop)
- 슬라이더(Slider)
- 손잡이(Pull Tap)
- 지퍼 이빨(Element)
- 잠갔을 때는 아래 막음쇠(Bottom Stop) 열었을 때는 인서트 핀(Insert pin)

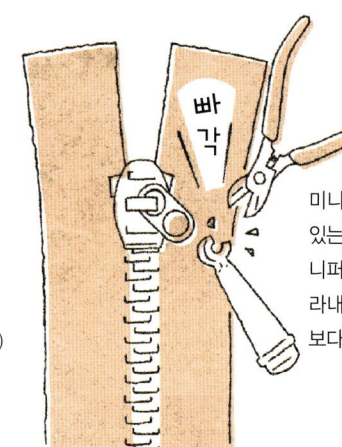

빠각

미니 지퍼의 슬라이더에 달려 있는 손잡이가 거추장스럽다면 니퍼로 잘라냅니다. 이렇게 잘라내면 손잡이 부분이 작아져 보다 리얼해 보입니다.

☆지퍼를 다는 방법도 여러 가지입니다만, 여기서는 비교적 간단하고 보기 좋게 다는 방법을 소개하고 있습니다.

※지퍼의 테이프 부분을 자른 후에는 반드시 올풀림 방지를 해주세요. 라이터로 지지거나 히트 커터를 이용해 열로 녹이는 처리가 좋습니다.

22cm/Model: EX☆CUTE Miu
Shoes: STOC
만드는 법: p140/p145
패턴: p167-168/p172-173

©OMOIATARU/AZONE INTERNATIONAL

22cm/Model: Neo Blythe
Shoes: STOC
만드는 법: p70/p152
패턴: p166/p174-175

BYLTHE and HASBRO and all related trademarks and logos are trademarks of Hasbro, Inc.
© 2023 Hasbro. Licensed by Hasbro.

Model: Unoa Quluts Fluorite
Shoes: PetWORKs
만드는 법: p134
패턴: p170-171

ⒸGentaroAraki/Renkinjyutsu-Koubou,Inc.

BYLTHE and HASBRO and all related trademarks and logos are trademarks of Hasbro, Inc.
© 2023 Hasbro. Licensed by Hasbro.

22cm/Model: Neo Blythe
Shoes: PetWORKs
만드는 법: p134
패턴: p170-171

27cm/Model: momoko
Shoes: PetWORKs
만드는 법: p140/p145/p152
패턴: p167–168/p172–173/p174–175

momoko™©PetWORKs Co., LTD.

27cm/Model: momoko
Shoes: PetWORKs
만드는 법: p70/p128
패턴: p166/p169

momoko™©PetWORKs Co., LTD.

ruruko™ⒸPetWORKs Co., LTD.

Model: ruruko
Shoes: PetWORKs · STOC
만드는 법: p134
패턴: p170–171

만드는 법: p140/p145
패턴: p167–168/p172–173

만드는 법: p67/p70
패턴: p166

만드는 법: p70/p152
패턴: p166/p174–175

127

턱 팬츠

다트를 넣어서 더 완성도 높은 팬츠 만드는 방법을 소개합니다.
L형 포켓을 단 본격적인 디자인으로 즐길 수 있습니다.

준비물
※27㎝ 인형 기준

▷ 팬츠용 원단: 22×25㎝
▷ 포켓용 원단: 3×10㎝
▷ 폭 0.5㎝ 벨크로: 2.5㎝ 1세트

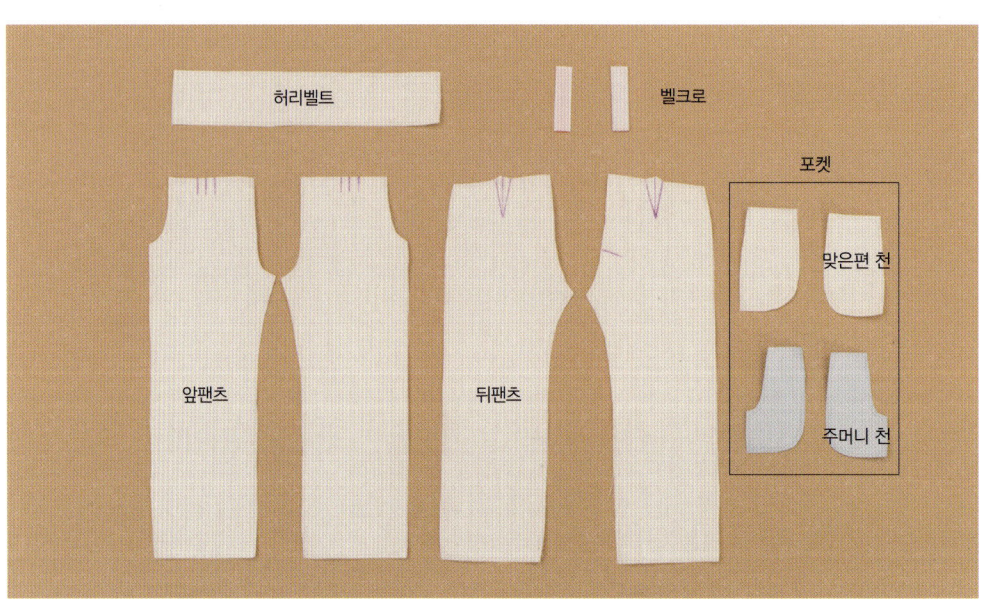

표시하기와 재단
원단을 재단하고 올풀림 방지액을 발라둔다. 필요한 표시를 한다. 벨크로엔 양면테이프를 붙여둔다.

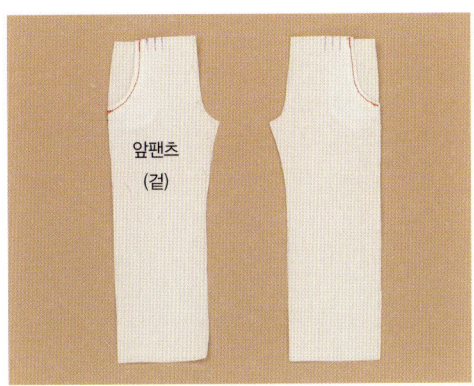

1 앞팬츠를 준비한다
앞팬츠에 L형 포켓을 재봉해 단다. ▶자세한 것은 p106 「L형 포켓」 참고. 주머니 천을 달지 않을 경우엔 포켓 입구의 시접을 접어 박고, 맞은편 천을 겹쳐서 원단용 접착제로 붙인다.

2 앞팬츠 중심을 재봉한다
앞팬츠의 좌우를 겉끼리 마주대어 시침핀을 꽂고(좌), 앞중심의 완성선을 박는다(우).

3 시접에 가위집을 넣는다
앞중심이 울지 않도록 시접 한 군데에 가위집을 넣는다.

4 시접을 가른다
앞중심의 시접을 펼쳐서 다림질로 가른다.

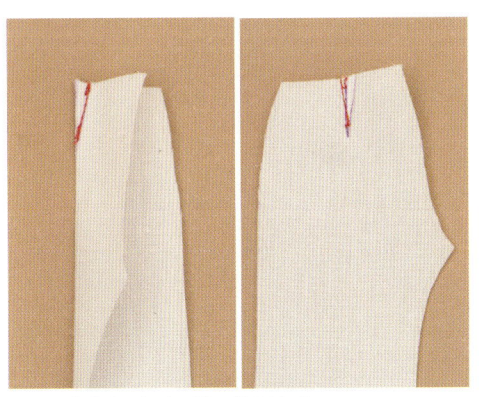

5 뒤팬츠의 다트를 재봉한다
뒤팬츠의 다트를 표시대로 접고 박음질한다(좌). 시접을 눕혀서 다림질로 모양을 정리한다(우).
▶자세한 것은 p54 「다트 재봉 방법」 참조

6 다트를 재봉한 모습
좌우 뒤팬츠의 다트를 겉에서 본 모습.

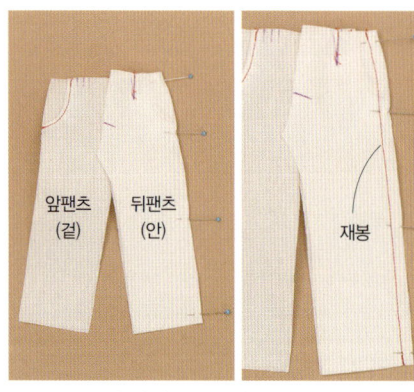

7 팬츠의 옆선을 재봉한다

앞팬츠와 뒤팬츠를 겉끼리 마주대고, 옆선을 맞춰서 시침핀을 꽂는다(좌). 앞팬츠와 뒤팬츠의 옆선을 박는다(우).

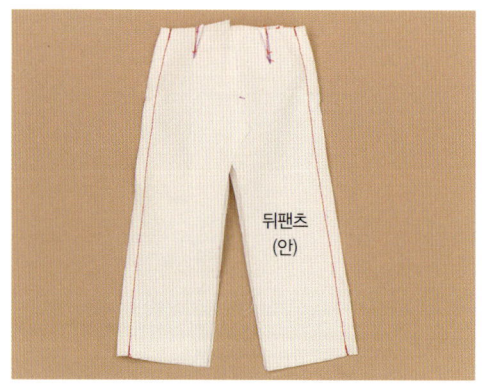

8 다른 쪽 옆선도 재봉한다

남은 쪽의 앞팬츠와 뒤팬츠도 같은 식으로 박는다.

9 시접을 가른다

옆선의 시접을 펼치고 다림질로 가른다.

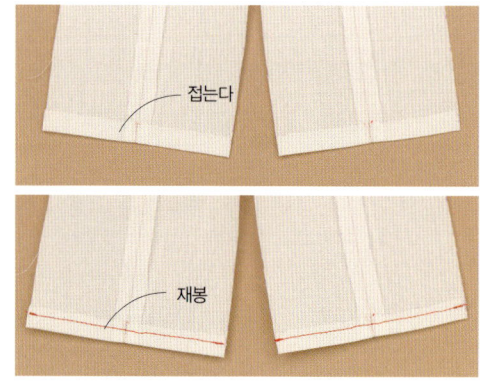

10 밑단을 재봉한다

밑단을 다림질로 접고 스티치하여 시접을 고정한다.

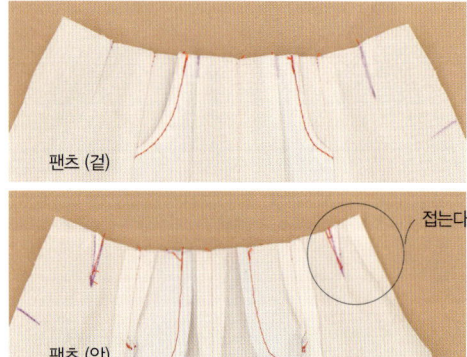

11 턱을 잡고 뒤여밈을 접는다

앞팬츠의 턱을 재봉한다(위) ▶자세한것은 p55 「턱의 재봉방법」참고. 보는 방향에서 오른쪽 끝의 뒤여밈 부분을 접어 원단용 접착제로 붙인다(아래).

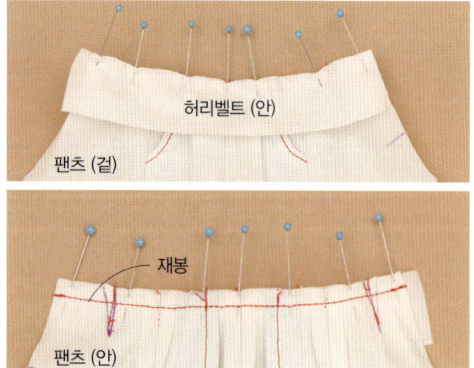

12 허리벨트를 재봉한다

팬츠의 허리 부분과 허리벨트를 겉끼리 마주보게 겹친 후, 양끝에서 중심을 향해 시침핀을 꽂는다(위). 허리벨트와 허리 부분을 박는다.

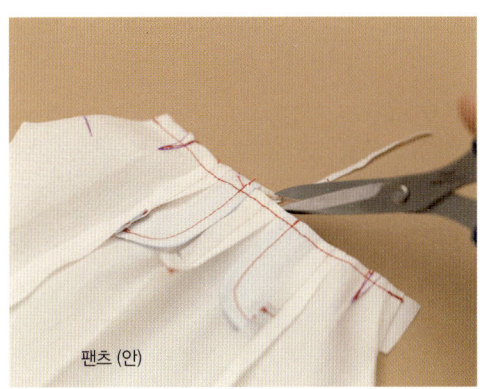

13 시접을 자른다
허리 부분의 시접을 2mm 정도 남기고 잘라낸다.

14 허리벨트를 위로 올린다
허리벨트를 위로 올리고, 허리 시접을 허리벨트 쪽으로 눕힌 후 다림질한다.

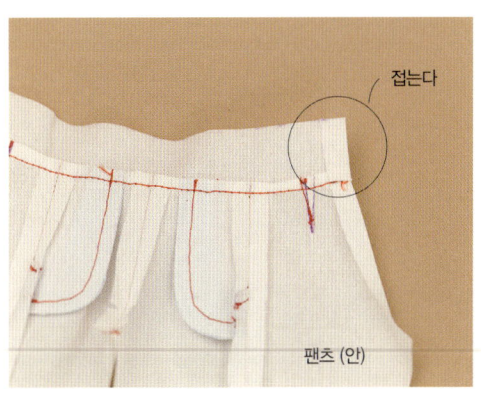

15 뒤여밈을 접는다
허리벨트의 뒤여밈 부분을 접어준다.

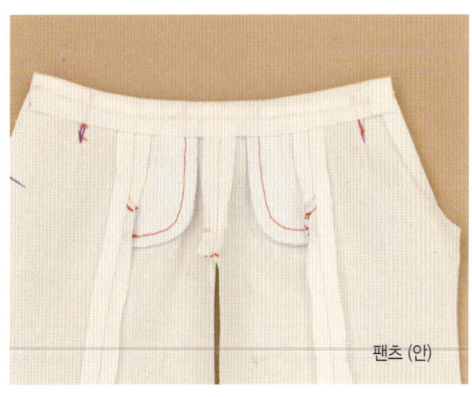

16 허리벨트를 접는다
허리 부분 시접을 감싸듯이 허리벨트를 접는다. 원단용 접착제로 붙인 후, 다림질로 고정한다.

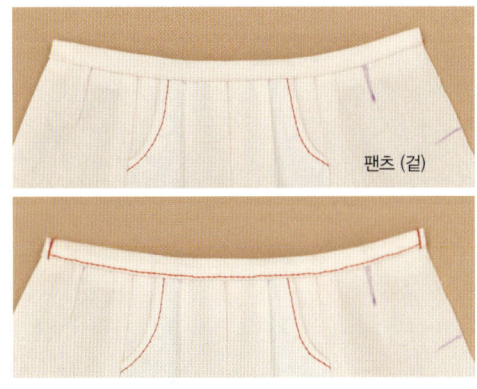

17 허리벨트에 스티치한다
접어놓은 허리벨트를(위) 겉면에서 스티치로 고정한다(아래).

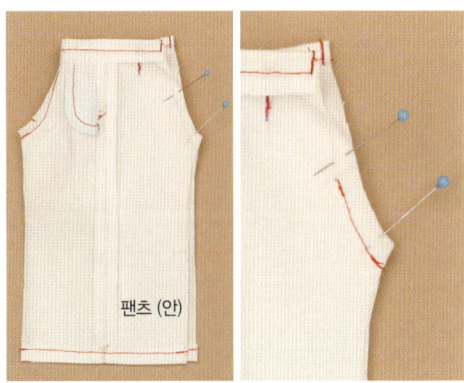

18 뒤중심을 재봉한다
팬츠의 뒤중심을 겉끼리 마주보게 겹쳐 시침핀을 꽂는다(좌). 뒤중심의 트임 끝까지 박는다(우).

19 시접에 가위집을 넣는다

뒤중심의 곡선 부분이 울지 않도록 시접에 가위집을 넣는다.

20 밑아래를 겹친다

앞팬츠·뒤팬츠의 밑아래를 겉끼리 마주보게 겹쳐 중심, 밑단, 밑아래의 순으로 시침핀을 꽂는다.

21 밑아래를 재봉한다

밑아래 부분을 박아서 앞팬츠와 뒤팬츠를 합친다.

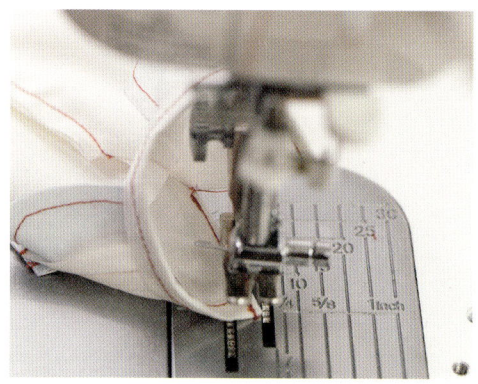

22 뒤여밈을 재봉한다

11번에서 접어놓은 뒤여밈의 시접에 스티치를 해서 고정한다.

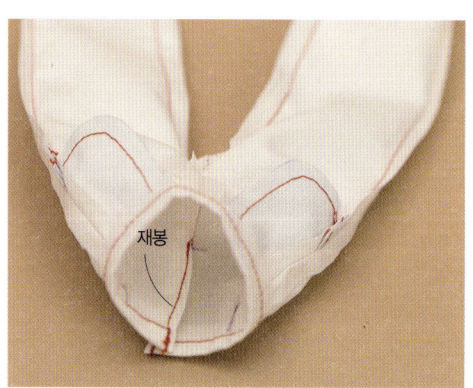

23 뒤여밈 완성

뒤여밈의 재봉이 끝난 모습.

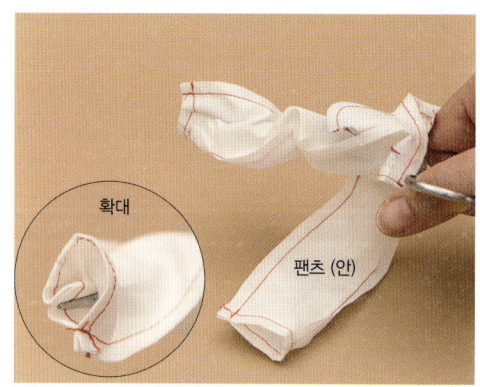

24 겸자로 밑단을 집는다

허리 부분에서 안쪽으로 겸자를 넣어 팬츠의 한쪽 밑단을 집는다.

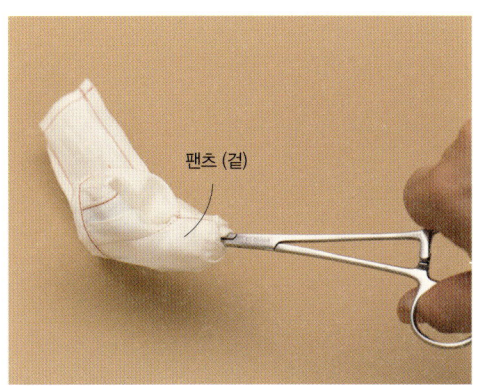

25 겉으로 뒤집는다
팬츠의 밑단을 집은 채로 겉으로 뒤집는다.

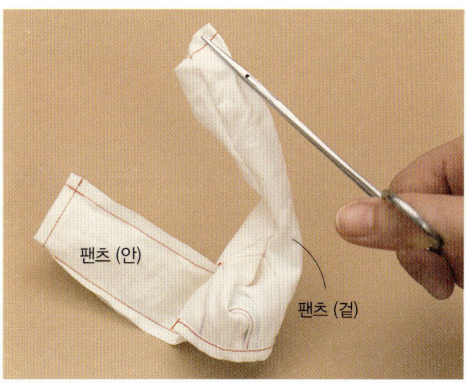

26 겉으로 뒤집은 모습
같은 방법으로 나머지 한쪽도 뒤집는다.

27 다림질한다
다림질을 해서 모양을 정리한다.

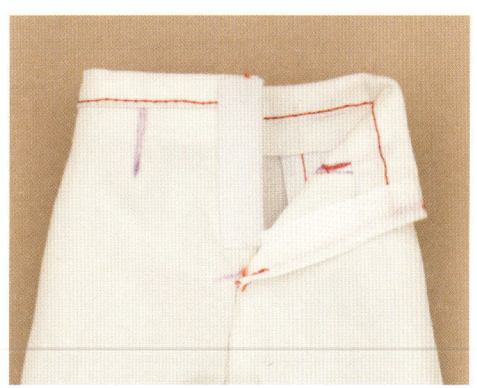

28 벨크로를 단다
양면테이프를 붙인 벨크로를 뒤여밈 부분에 단다.

29 뒤를 여민다
벨크로를 접착해 뒤를 여민다. ※초급을 위한 뒤여밈 방법 「벨크로」 참고.
▶그 외의 여밈 방법에 대해서는 p95 「뒤여밈」 참고.

30 완성
완성된 턱 팬츠의 앞모습.

퍼프 소매 원피스

퍼프 소매의 A라인 원피스입니다. 요크를 각지거나 둥글게,
소매를 반팔 또는 긴팔로, 칼라를 달아주는 등의 어레인지를 즐길 수 있습니다.

준비물 ※27㎝ 인형 기준

▷몸판과 소매용 원단: 23×25㎝ ▷안단용 툴: 8×15㎝ ▷요크용 원단: 8×5㎝ ▷4골 고무줄: 약 12㎝
▷폭 0.5㎝ 벨크로: 5㎝ 1세트

표시하기와 재단

원단을 재단하고 올풀림 방지액을 발라둔다. 필요한 표시를 한다.
벨크로엔 양면테이프를 붙여둔다.

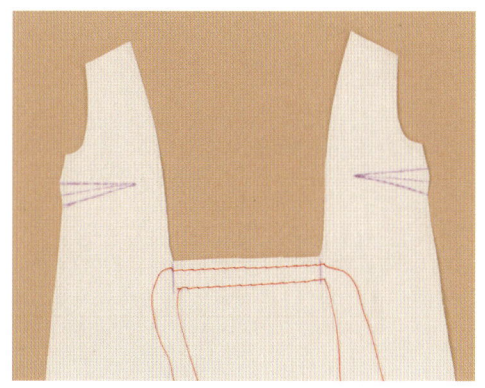

1 주름용 재봉을 한다

앞몸판 주름 부분 위아래에 주름용 스티치를 넣는다.
▶자세한 것은 p52 「주름 잡는 방법」 참고.

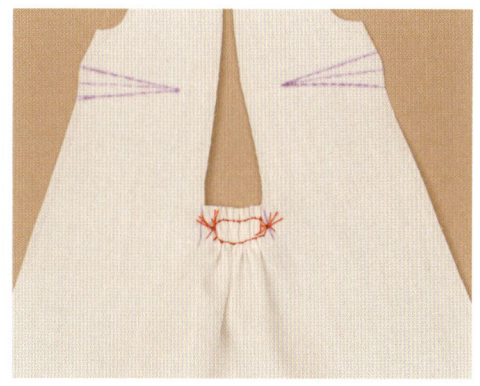

2 주름을 잡는다

실을 당겨 주름을 잡고, 실이 더 이상 당겨지지 않을 때까지 당긴 다음 고정한다.

3 앞몸판의 다트를 재봉한다

앞몸판의 다트를 표시대로 접어 박는다(위). 시접을 눕히고 다림질로 정리한다(아래) ▶자세한 내용은 p54 「다트 재봉 방법」 참고.

4 요크의 시접을 접는다

요크의 시접을 접어서 다림질로 고정한다.
▶자세한 것은 p101 「각 요크」 참고.

5 요크를 붙인다

앞몸판 위에 요크를 올려서 원단용 접착제로 붙인다.

6 요크에 스티치한다

요크 둘레에 스티치를 한다(좌). 주름용 실을 빼낸다(우).

7 앞뒤 몸판을 겹친다
앞몸판과 뒤몸판을 겉끼리 마주보게 겹치고, 어깨를 맞춰서 시침핀을 꽂는다.

8 앞뒤 몸판을 재봉한다
앞몸판과 뒤몸판의 어깨 부분을 박는다.

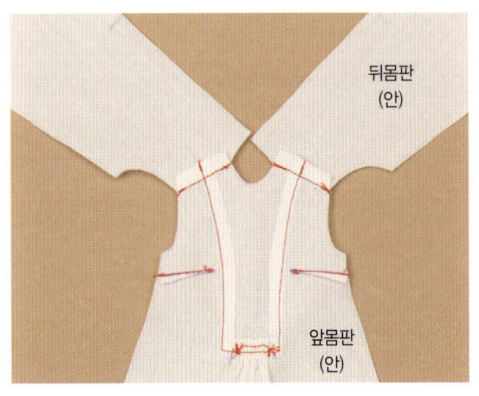

9 시접을 눕힌다
뒤몸판을 펼치고, 어깨 시접을 뒤몸판 쪽으로 눕힌다.

10 겉에서 본 모습
앞뒤 몸판의 어깨가 연결된 모습.

11 몸판과 안단을 겹친다
몸판과 안단(툴)을 겉끼리 마주보게 겹친다. 칼라를 달 경우엔 툴 안단을 달지 않는다. ▶자세한 것은 p86 「칼라 달기(플랫 칼라)」 참고.

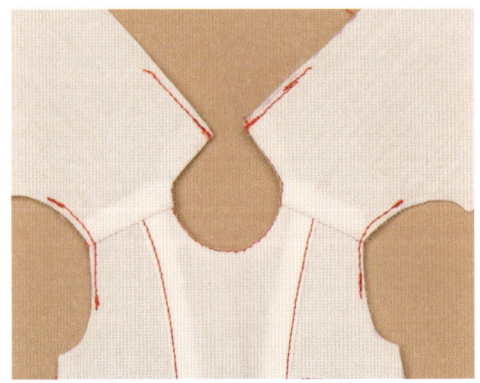

12 안단을 재봉해 합친다
목둘레를 박고, 시접에 가위집을 넣어 안단을 안으로 뒤집어 넣는다. 소매둘레와 뒤중심 일부에 스티치한다. ▶자세한 것은 p61 「목둘레, 소매둘레의 안단 처리」 중 '목둘레에 스티치하지 않는 경우' 참고.

13 소매를 만든다

소맷부리의 완성선을 접어 박는다. 고무줄 위치에 고무줄을 겹쳐 박는다. ▶자세한 것은 p62 「고무테이프 사용법」 참고.

14 소매를 단다

몸판 소매둘레에 소매를 단다.
▶자세한 것은 p92 「소매 달기(퍼프 소매)」 참고.

15 옆선을 겹친다

앞뒤 몸판을 겉끼리 마주보게 겹쳐서, 양측 옆선과 소매에 시침핀을 꽂는다.

16 옆선을 재봉한다

양쪽 옆선과 소매의 완선성을 박는다.

17 가위집을 넣는다

양쪽 겨드랑이 부분 시접에 가위집을 넣는다.

18 겉으로 뒤집는다

몸판을 겉으로 뒤집는다.

19 옆선 시접을 가른다
양쪽 옆선의 시접을 펼쳐서 다림질로 가른다.

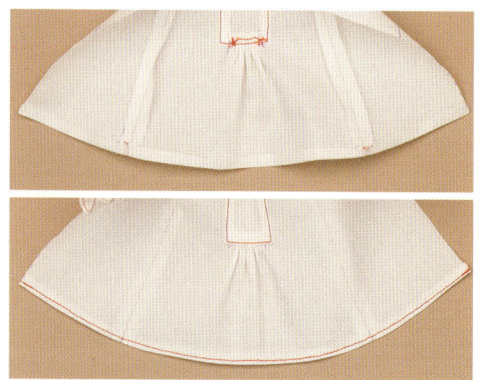

20 밑단을 접어서 재봉한다
밑단의 완성선을 접어 다림질한 후(위), 스티치로 시접을 고정한다(아래).

21 뒤중심을 겹친다
뒤중심을 겉과 겉이 마주보게 겹치고 시침핀을 꽂는다.

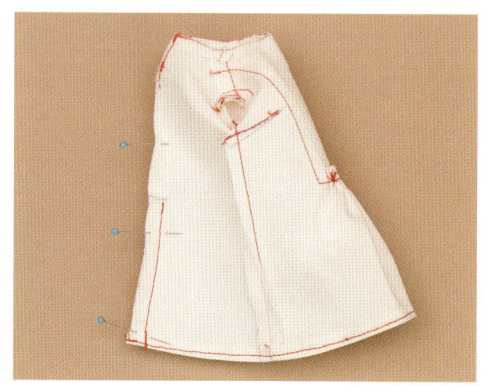

22 뒤중심을 재봉한다
뒤중심을 트임 끝 위치까지 박는다.

이쪽 시접을 접는다

23 시접을 접는다
뒤중심의 시접을 펼친 후, 위가 될 쪽의 시접을 접고 다림질로 고정한다.

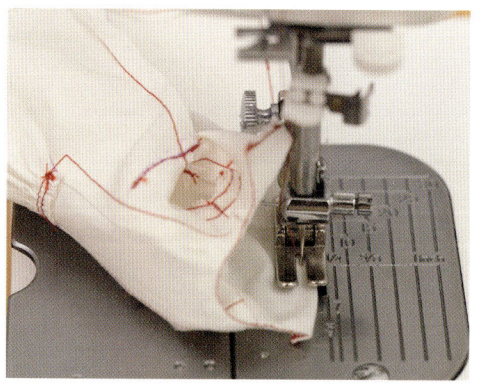

24 뒤여밈을 재봉한다
접은 쪽의 시접이 아래로 가도록 재봉틀에 세팅하고 뒤여밈을 스티치로 고정한다.

25 한쪽 뒤여밈을 재봉한 모습
뒤여밈을 겹쳤을 때 위가 되는 쪽의 시접만 박음질한 모습.

26 겉으로 뒤집어 벨크로를 단다
겉으로 뒤집고 양면테이프를 붙인 벨크로를 뒤여밈에 달아 준다.

27 여민 모습
벨크로 뒤를 여민 모습. ※초급을 위한 뒤여밈 방법 「벨크로」 부분 참고.
▶그 외의 여밈 방법은 p95 「뒤여밈」 참고.

28 완성
완성된 원피스 앞모습.

플리츠 랩스커트

랩스커트는 평면 상태로 펼칠 수 있어, 플리츠 주름을 언제든 다림질할 수 있습니다.
앞쪽을 단추나 리본으로 장식하는 어레인지도 즐겨보세요.

준비물
※27㎝ 인형 기준

▷ 스커트 · 허리벨트 · 어깨끈용 원단: 15×40㎝
▷ 직경 5㎜ 스냅단추: 2세트

표시하기와 재단
원단을 재단하고 올풀림 방지액을 발라둔다. 필요한 표시를 한다.

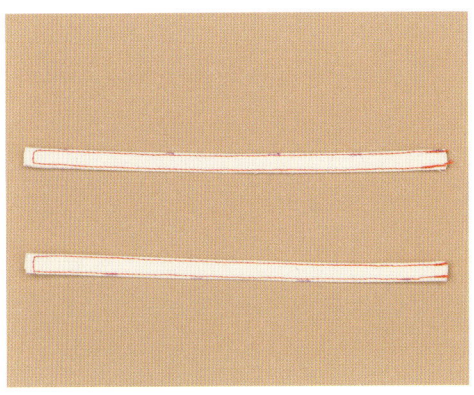

1 어깨끈을 만든다
어깨끈을 만든다. ▶자세한 것은 p74 「가는 끈 만드는 법」 중 '3단으로 접는 타입' 참고.

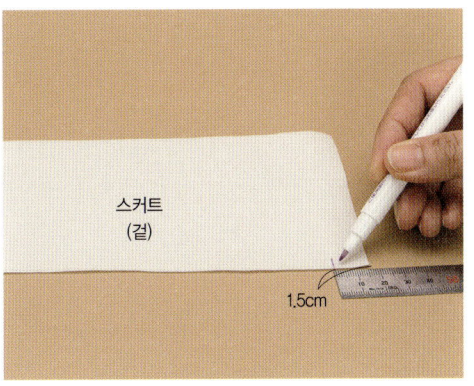

2 스커트 밑단에 표시한다
스커트 밑단의 양끝에서 1.5cm 안쪽의 위치를 표시한다.

3 스커트 밑단 양끝을 접는다
스커트 밑단의 양끝에 표시한 위치를 접어 시침핀을 꽂는다.

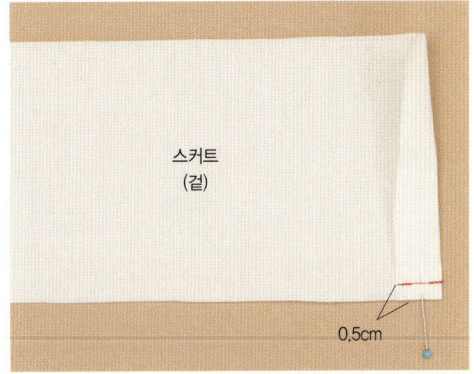

4 스커트 밑단 양끝을 재봉한다
접은 스커트 밑단 끝에서 0.5cm 위치를 박아서 고정한다.

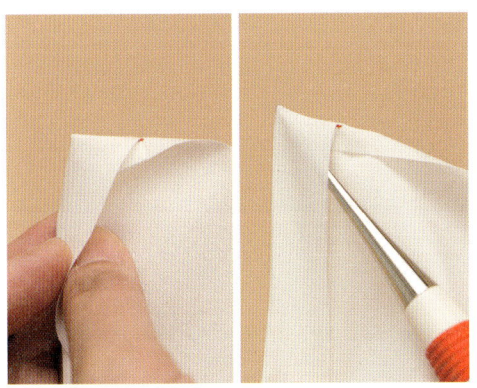

5 재봉한 부분을 뒤집는다
재봉한 양끝을 뒤집고(좌), 송곳으로 모서리를 낸다(우).

6 밑단을 접는다
양끝을 모두 뒤집은 모습(위). 밑단의 완성선을 접어, 밑단과 양끝을 다림질로 고정한다(아래).

7 밑단을 재봉한다
스커트 밑단 가장자리에 스티치한다.

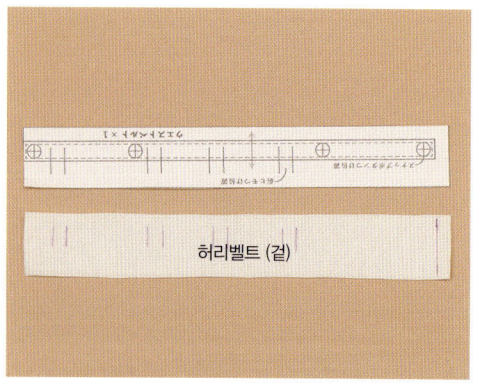

8 허리벨트에 표시한다
허리벨트 원단에 어깨끈 다는 위치 등을 표시한다.

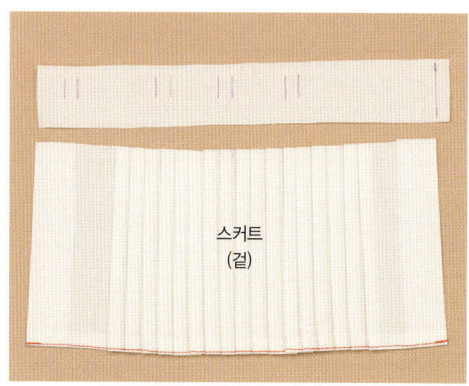

9 플리츠를 접는다
스커트 원단에 플리츠를 접어 준비한다.
▶자세한 것은 p82「플리츠」참고.

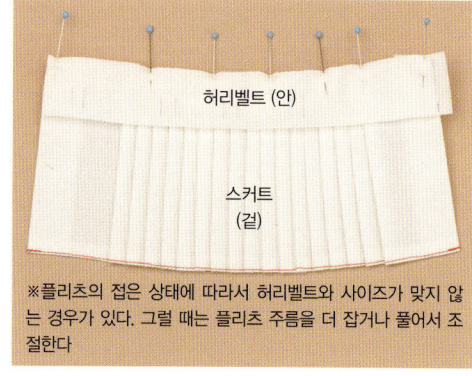

※플리츠의 접은 상태에 따라서 허리벨트와 사이즈가 맞지 않는 경우가 있다. 그럴 때는 플리츠 주름을 더 잡거나 풀어서 조절한다

10 허리벨트를 겹친다
스커트와 허리벨트를 겉끼리 마주보게 겹치고, 양끝에서 중심을 향해 시침핀을 꽂는다.

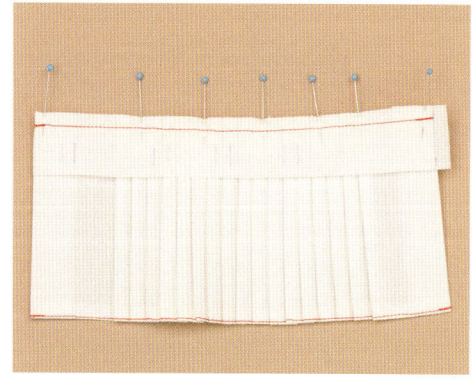

11 허리벨트를 재봉한다
스커트와 허리벨트를 박아서 합친다.

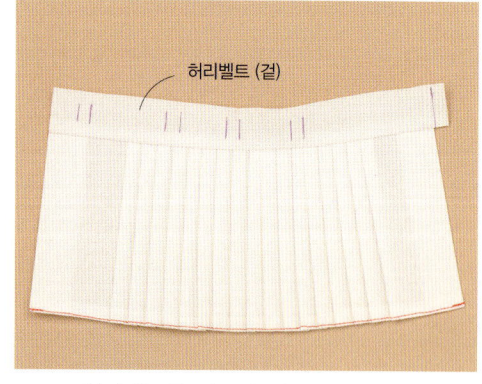

12 허리벨트를 위로 올린다
허리벨트를 위로 올려서 시접을 허리벨트 쪽으로 눕히고, 다림질로 고정한다.

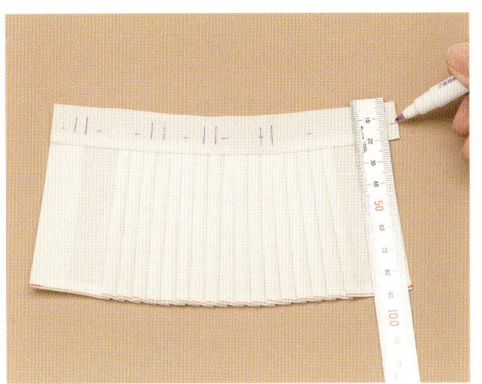

13 허리벨트에 표시한다
허리벨트에 완성선을 그린다.

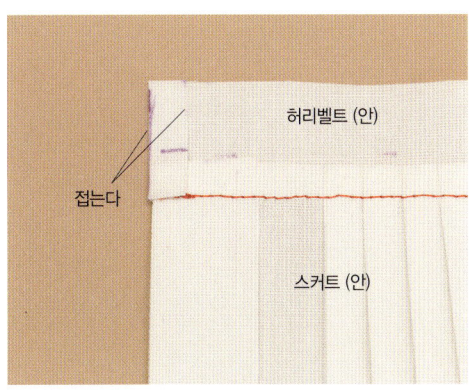

14 허리벨트의 한쪽 끝을 접는다
허리벨트의 한쪽 끝을 접어 원단용 접착제로 붙인다.

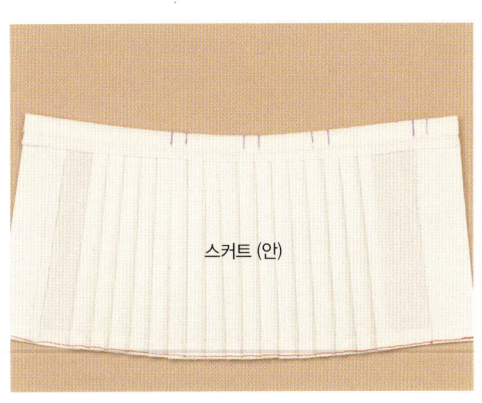

15 허리벨트를 접는다
허리 부분 시접을 감싸듯이 허리벨트를 접어 원단용 접착제로 붙이고, 다림질로 고정한다.

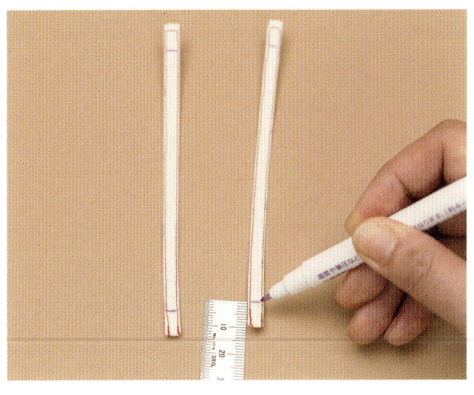

16 어깨끈에도 표시한다
어깨끈 다는 위치에 표시를 한다.

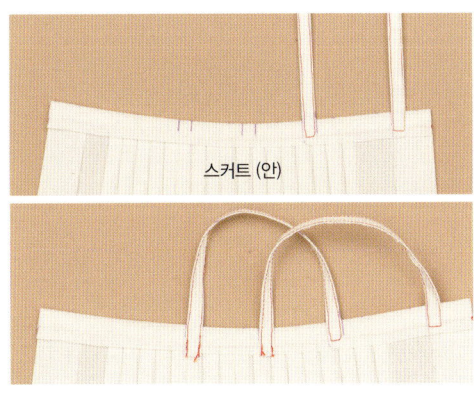

17 어깨끈을 단다
어깨끈 한쪽을 허리벨트 다는 위치에 원단용 접착제로 붙인다(위). 사진처럼 끈을 교차해서 반대쪽 어깨끈도 붙인다(아래).

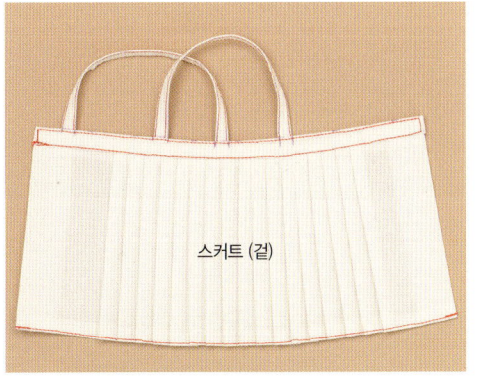

18 허리벨트에 스티치한다
허리벨트 겉면 가장자리에 스티치를 해준다.

스커트 (겉)

19 스냅단추를 단다 ①
허리벨트 겉면의 다는 위치에 스냅단추 암컷을 꿰매 단다.

스커트 (안)

20 스냅단추를 단다 ②
허리벨트 안쪽의 다는 위치에 스냅단추 수컷을 꿰매 단다.

21 스냅단추를 잠근다
스냅단추로 랩스커트를 여민다. 취향에 맞는 인형용 단추나 리본으로 장식해도 좋다.

22 완성
뒤에서 본 모습.

셔츠

베이직한 셔츠입니다만, 디테일이 모두 들어가 있기에 리얼한 느낌입니다.
여기에선 초보자 분들도 도전하기 쉽도록 커프스 트임이 없는 타입을 소개합니다.

준비물 ※27㎝ 인형 기준

▷ 셔츠용 원단: 15×35㎝   ▷ 폭 0.5㎝ 벨크로: 7cm 1세트   ▷ 장식용 비즈: 특소 5개

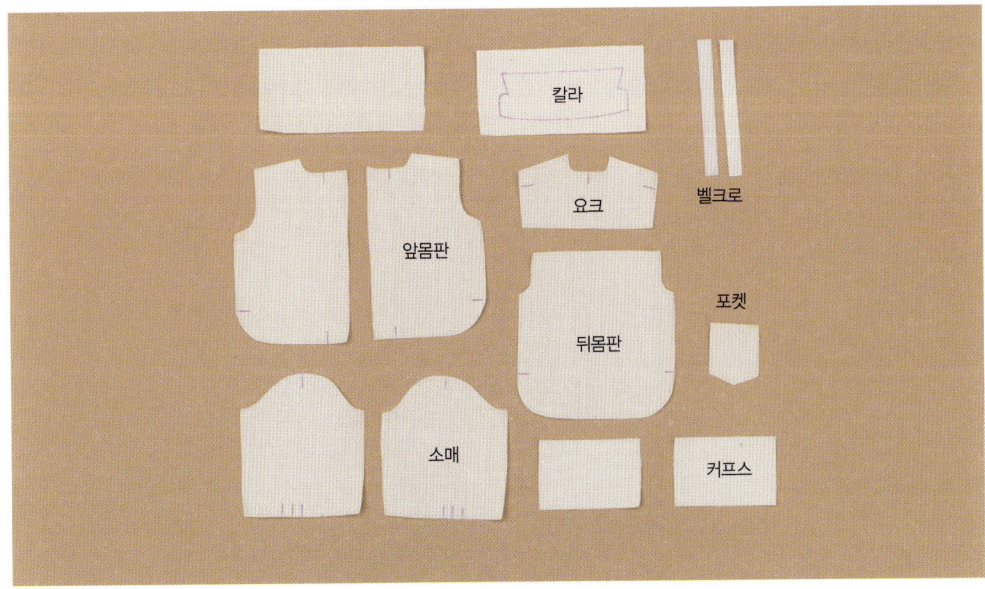

표시하기와 재단
원단을 재단하고 올풀림 방지액을 발라둔다. 필요한 표시를 한다.

1 앞몸판에 포켓을 단다
포켓 다는 위치에 패치포켓을 단다.
▶자세한 것은 p105「패치 포켓」참고.

2 요크와 뒤몸판을 준비한다
요크와 뒤몸판 원단을 재단해 준비한다.

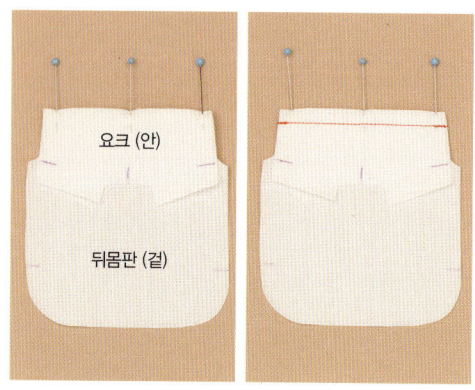

3 요크와 뒤몸판을 재봉한다
요크와 뒤몸판을 겉끼리 마주보게 겹쳐서 시침핀을 꽂는다 (좌). 요크와 뒤몸판을 박는다(우).

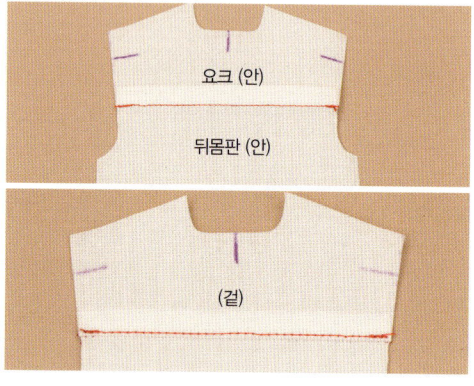

4 시접에 스티치한다
요크를 위로 세워서 시접을 요크 쪽으로 눕히고(위), 겉에서 스티치를 넣어 고정한다(아래).

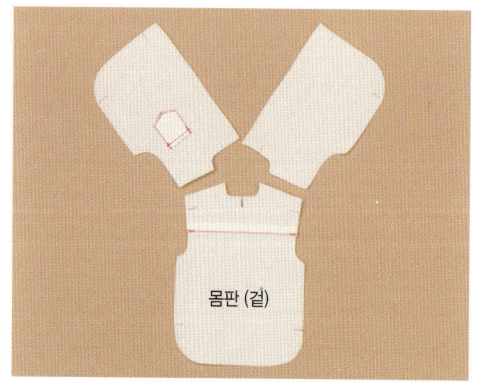

5 앞몸판을 준비한다
앞뒤의 몸판을 연결할 준비를 한다.

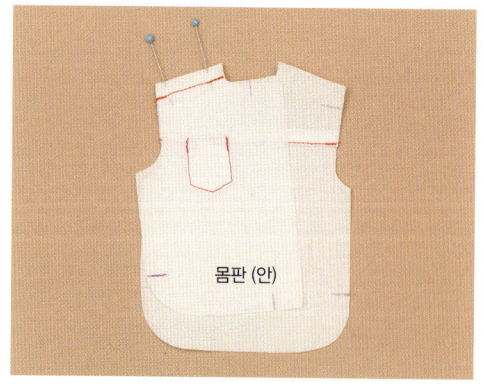

6 앞뒤 몸판의 어깨를 박는다
앞몸판과 뒤몸판을 겉끼리 마주보게 겹쳐 시침핀으로 고정한 후, 어깨를 박는다.

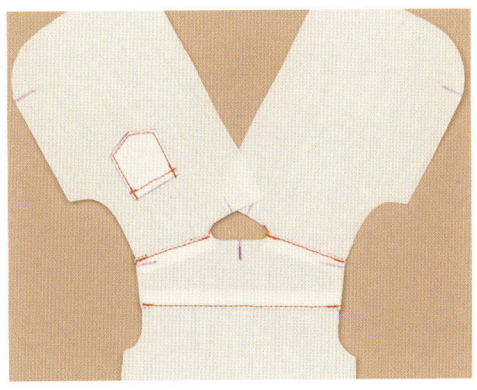

7 시접에 스티치한다
앞몸판을 펼쳐서 시접을 요크 쪽으로 눕히고, 겉에서 스티치를 넣어 고정한다.

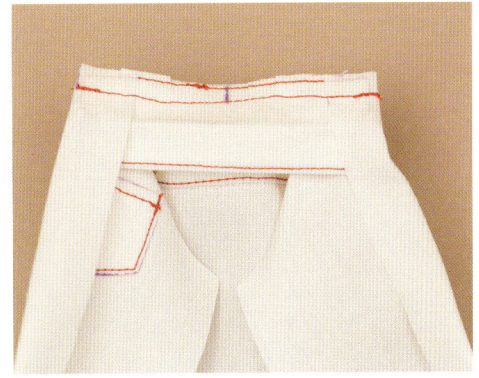

8 칼라와 안단을 재봉한다
목둘레에 칼라를 박아 단다. 이 과정에서 안단 윗부분도 재봉된다. ▶자세한 것은 p84 「칼라 달기(셔츠 칼라)」 참고.

9 가위집을 넣는다
목둘레 시접에 가위집을 넣는다.

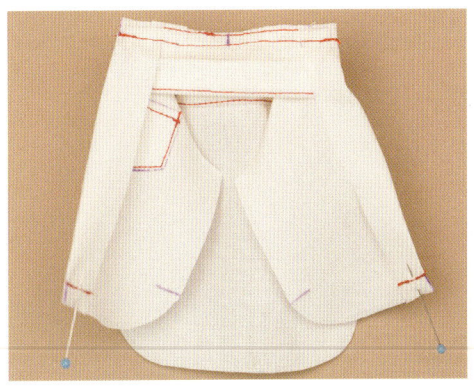

10 안단의 밑단을 재봉한다
안단의 밑단을 접어서 시침핀을 꽂고 밑단을 박는다.

11 안단을 뒤집어 벨크로를 붙인다
안단을 겉으로 뒤집고 다림질로 정리한다. 앞을 여밀 때 위가 되는 안단에 벨크로의 부드러운 쪽(루프)을 원단용 접착제로 붙인다.

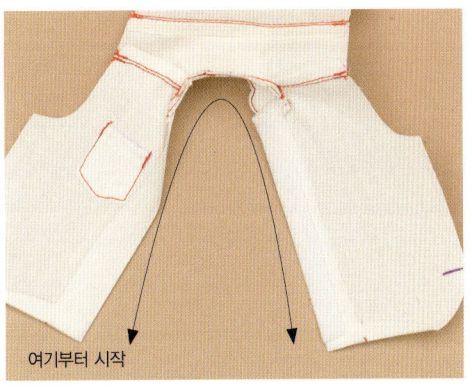

12 앞섶·목둘레에 스티치한다
셔츠를 겉으로 돌려서 밑단, 목둘레, 밑단을 빙 둘러 스티치로 고정한다.

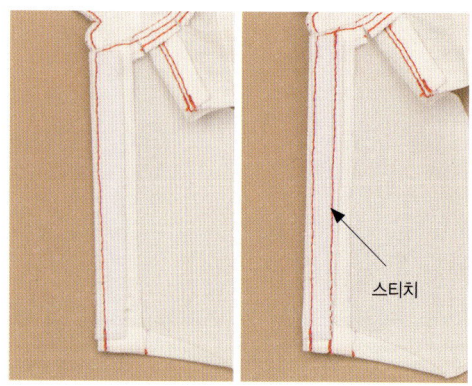

13 벨크로를 재봉한다

12번을 통해 벨크로 부드러운 면의 한쪽 끝도 함께 재봉된 상태(좌). 다른 쪽 끝도 겉면에서 스티치를 넣어 고정한다.

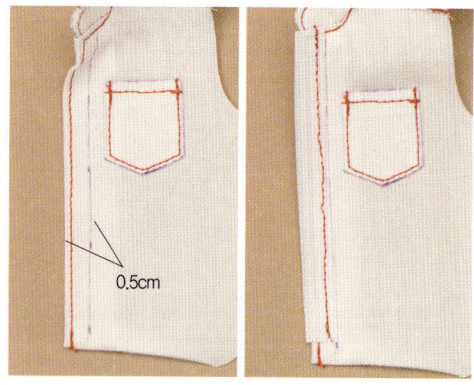

14 반대편 벨크로도 재봉한다

반대쪽의 몸판 끝에서 0.5㎝ 위치에 선을 긋는다(좌). 선에 맞춰서 벨크로의 까끌한 면을 겹쳐 박는다(우).

15 소매와 커프스를 준비한다

커프스는 반으로 접어 다림질한다.

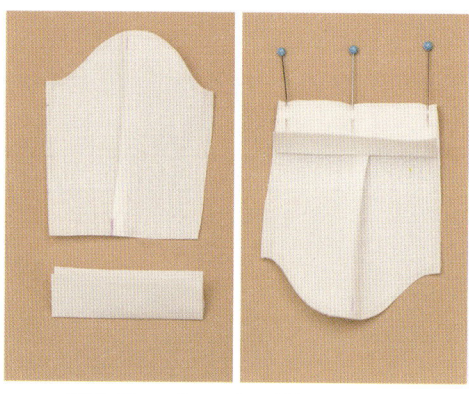

16 턱을 잡고 커프스를 겹친다

소매에 턱 주름을 잡고 커프스를 겹쳐 시침핀을 꽂는다.
▶자세한 것은 p55 「턱의 재봉 방법」 참고.

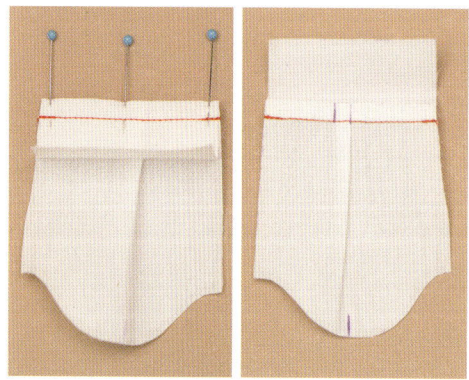

17 커프스를 재봉한다

커프스의 완성선을 박고(좌), 시접은 커프스 쪽으로 눕힌다. 커프스를 위로 올린다(우).

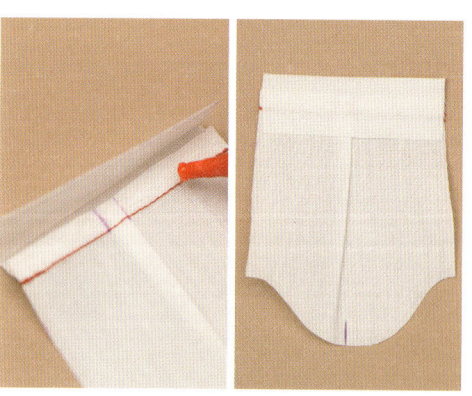

18 커프스를 붙인다

소맷부리 시접에 원단용 접착제를 발라서 커프스를 붙인다(좌). 여기서는 확실히 붙이고 싶어서 물에 적셔도 떨어지지 않는 접착제를 사용했다(우).

19 커프스에 스티치한다
커프스 둘레를 빙 둘러 스티치한다.

20 여분의 시접을 자른다
안쪽의 너풀거리는 시접을 2mm 정도 남기고 잘라낸다.

21 소매를 준비한다
다른 한쪽 소매도 같은 방법으로 준비한다.

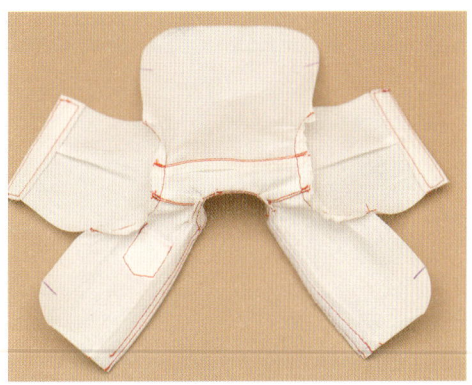

22 소매를 단다
양쪽 소매를 박아서 단다. ▶자세한 것은 p88 「소매 달기 (기본 소매와 꿰매 줄이기)」 참고.

23 다림질한다
소매둘레의 시접은 소매 쪽으로 눕히고 다림질한다.

24 옆선 시접을 겹친다
앞뒤 몸판을 겉끼리 마주보게 겹치고, 양쪽 옆선에서 소매까지 시침핀을 꽂는다.

25 옆선을 재봉한다
양쪽 옆선의 재봉 위치부터 소매까지 완성선을 박는다.

26 시접에 가위집을 넣는다
겨드랑이 부분 시접에 가위집을 넣는다.

27 겉으로 뒤집는다
몸판 겉면이 나오도록 뒤집는다.

28 옆선 시접을 가른다
양쪽 옆선의 시접을 펼쳐서 다림질로 가른다.

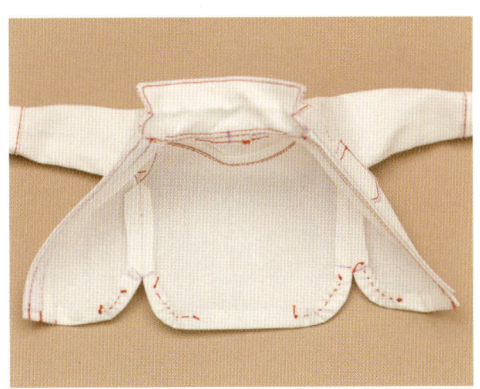

29 밑단에 주름을 잡는다
커브가 있는 밑단의 경우, 시접을 접기 어려우므로 주름을 잡은 후 접는다. ▶자세한 것은 p104 「커브 밑단의 재봉 방법」 참고.

30 밑단을 재봉한다
밑단 가장자리에 스티치해서 시접을 고정하고, 주름용 실을 뺀다.

31 뒷모습
재봉이 끝난 뒷모습.

32 단추나 비즈를 단다
앞섶에 단추나 비즈를 달면 완성!

후드 코트

앞여밈이 따로 없는 간단 버전의 후드 코트 만드는 법을 소개합니다.
지퍼 달린 버전을 원할 경우 ▶p118 「지퍼 다는 방법」 참고.

준비물
※27㎝ 인형 기준

▷몸판용 원단: 16×53cm
▷후드 안감용 원단: 16×6cm
▷소맷부리 벨트 장식용: 둥근 소형 비즈 2개

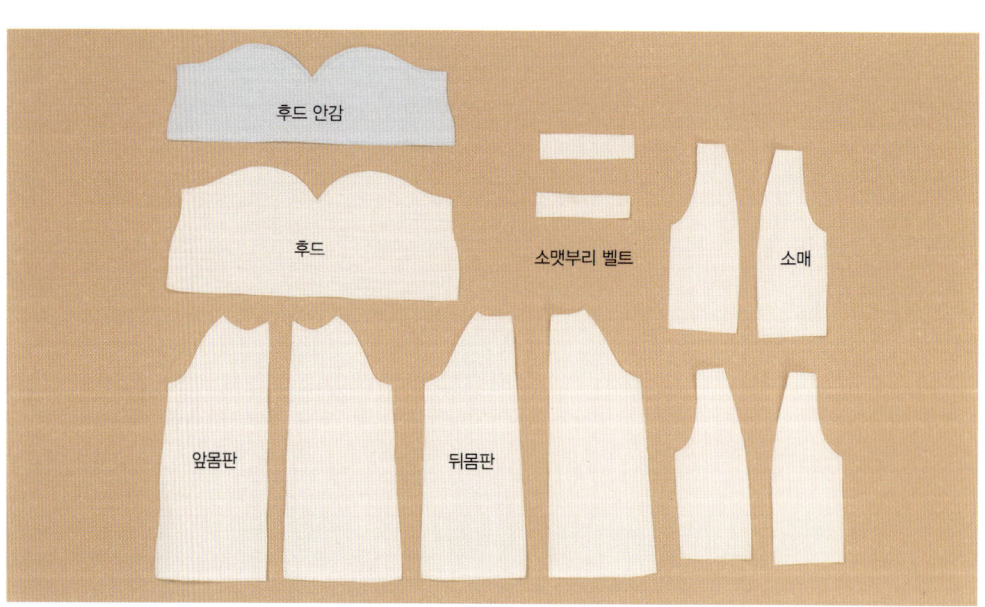

표시하기와 재단
원단을 재단하고 올풀림 방지액을 발라둔다. 필요한 표시를 한다.

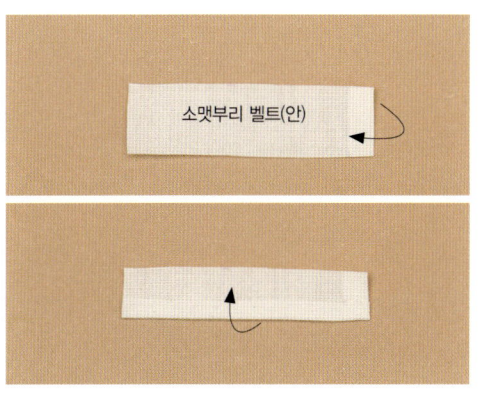

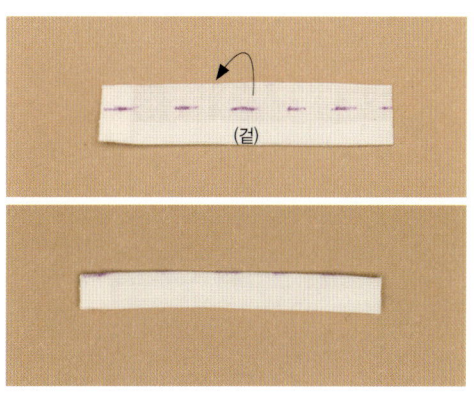

1 소맷부리 벨트를 만든다
한쪽 끝의 완성선을 접어 원단용 접착제로 붙인다(위). 아래쪽도 접어서 붙인다(아래).

2 소맷부리 벨트에 표시한다
소맷부리 벨트 겉면에 완성선을 표시하고(위), 접어서 붙인다(아래).

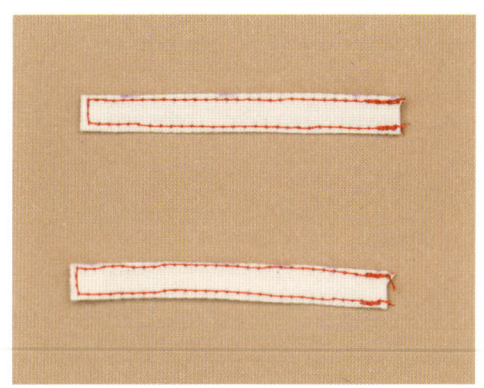

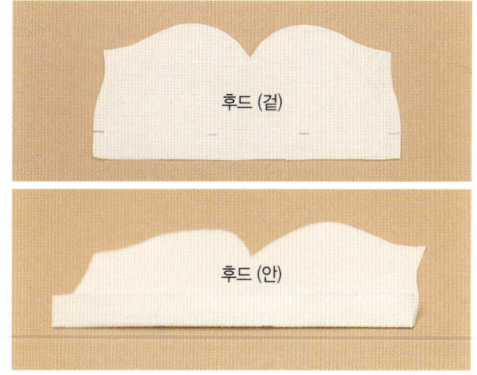

3 소맷부리 벨트에 스티치한다
소맷부리 벨트의 가장자리에 스티치를 넣어준다.

4 후드를 접는다
후드에 접는선을 표시한다(위). 선을 접어 다림질해서 확실하게 접은 흔적을 남긴다(아래).

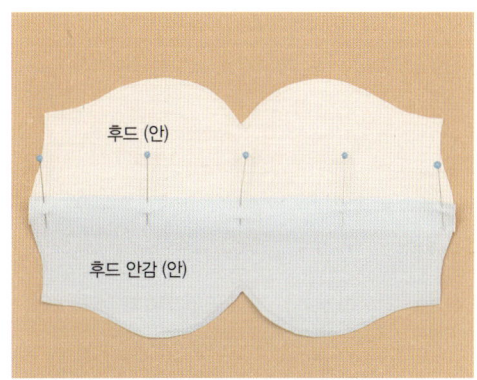

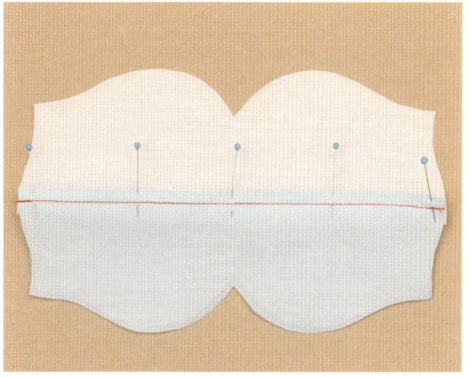

5 후드와 후드 안감을 겹친다
4에서 접어놓은 후드의 끝과 후드 안감을 겉끼리 마주대고 겹쳐, 시침핀을 꽂는다.

6 후드와 후드 안감을 재봉한다
후드와 후드 안감의 완성선을 박는다(접은 흔적이 남은 곳이 아니라 시접에서 5mm 위치). 이곳이 후드 입구가 된다.

7   후드와 후드 안감을 겹친다
시접을 안감 쪽으로 눕히고 4에서 접어놓은 흔적에 맞춰서 후드를 접고 다림질한다.

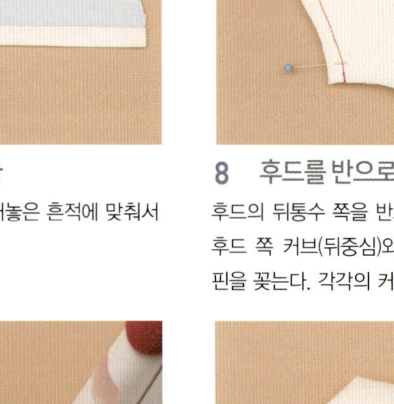

8   후드를 반으로 접어 재봉한다
후드의 뒤통수 쪽을 반으로 접어 겉끼리 마주보게 겹치고, 후드 쪽 커브(뒤중심)와 안감의 커브(뒤중심)에 각각 시침핀을 꽂는다. 각각의 커브를 박는다.

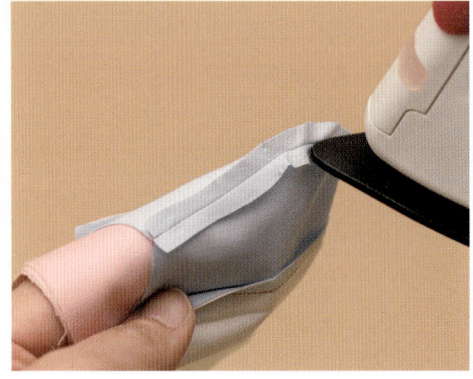

9   시접을 가른다
커브의 시접을 펴서 다리미로 가른다. 곡면 다림질의 경우, 안쪽에 보호 천을 대고 하는 것이 안전하다. ※화상에 주의한다.

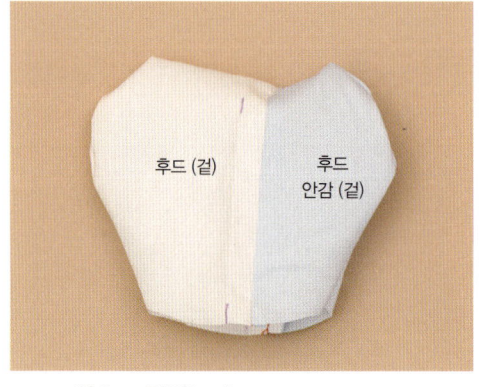

10   겉으로 뒤집는다
트임 부분으로 겉이 나오게 뒤집는다.

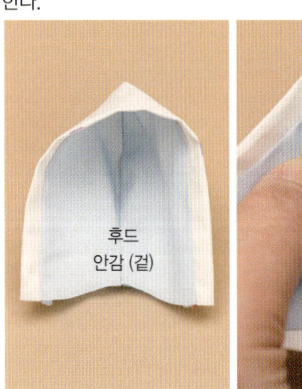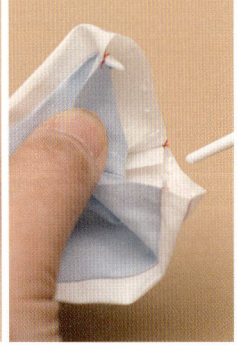

11   안감을 집어넣고 트임을 막는다
후드 겉감 안으로 안감을 집어넣고, 접는선을 접은 후 다림질로 고정한다(좌). 트임 부분은 원단용 접착제로 붙인다(우).

12   소매를 준비한다
소매 원단 2장을 준비한다.

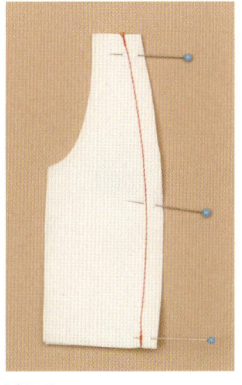

13   2장을 겹쳐서 재봉한다
소매 2장을 겉끼리 마주보게 겹치고 시침핀을 꽂는다(좌). 완성선을 박는다(우).

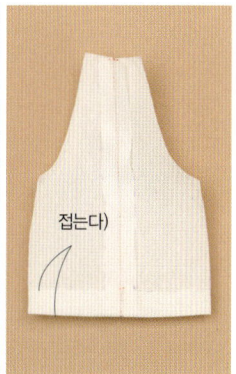

14   시접을 가르고 소맷부리를 접는다
재봉한 소매의 시접을 펼쳐서 다리미로 가르고(좌), 소맷부리 시접을 접는다(우).

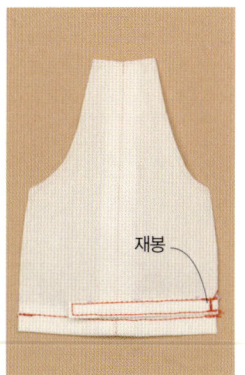

15   소맷부리 벨트를 단다
소맷부리 시접을 스티치로 고정하고(좌), 소맷부리 벨트를 해당 위치에 놓고 가장자리 시접 부분에 재봉해 단다(우).

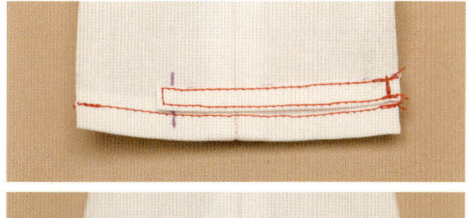

16   비즈로 고정한다
소매 끝에서 1.7㎝ 위치에 소맷부리 벨트 부착 위치를 표시하고(위), 장식 비즈를 꿰매 단다(아래). ※너무 딱 맞게 달면 소매를 재봉했을 때 낄 수 있으니 살짝 여유를 둔다.

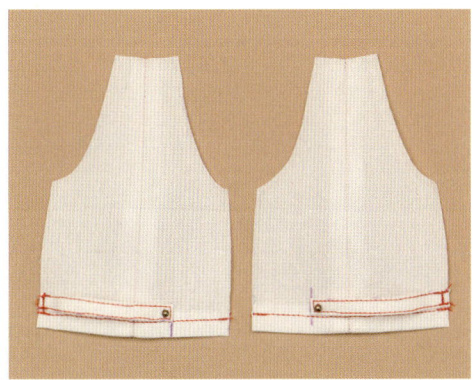

17   소맷부리 벨트를 단 모습
같은 방법으로 다른 쪽 소매에도 소맷부리 벨트를 꿰매 단다.

18 뒤몸판을 준비한다
뒤몸판 좌우의 원단을 준비한다.

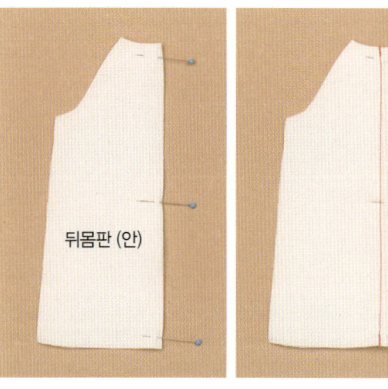

19 뒤몸판을 겹쳐서 재봉한다
뒤몸판 2장을 겉끼리 마주보게 겹쳐 시침핀을 꽂고(좌), 뒤 중심을 박는다(우).

20 시접을 가른다
시접을 펼쳐서 다림질로 가른다.

21 소매와 몸판을 재봉한다
소매를 단다. ▶자세한 것은 p90「소매 달기(래글런 소매)」참고.

22 목둘레에 후드를 겹친다
뒤몸판의 목둘레 중심과 후드 중심을 겹쳐서 시침핀을 꽂는다.

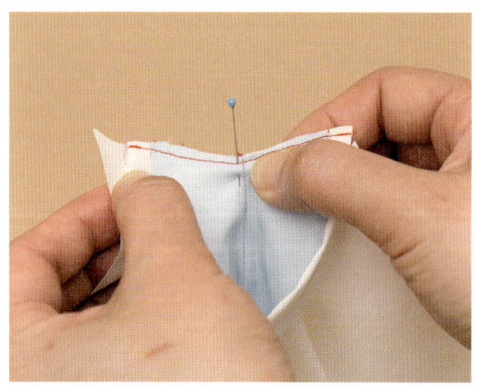

23 후드를 앞몸판에 맞춘다
후드의 양끝을 앞몸판 안단 위치에 맞춘다.

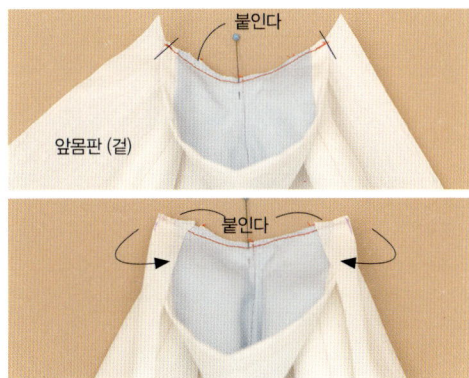

24 후드와 안단을 붙인다
후드의 양끝을 앞몸판의 안단 위치에 겹치고, 원단용 접착제로 고정한다(위). 안단을 접어 원단용 접착제로 후드에 붙인다(아래).

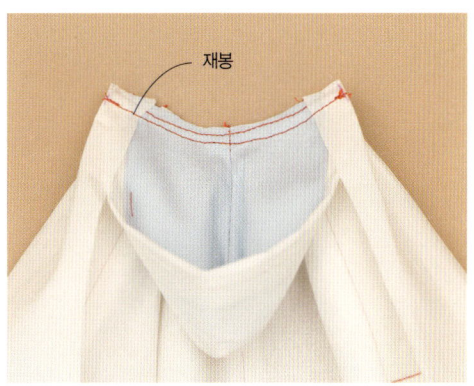

25 후드를 앞몸판에 재봉한다
후드를 목둘레에 박아서 단다. 이 과정에서 안단 윗부분도 함께 재봉된다.

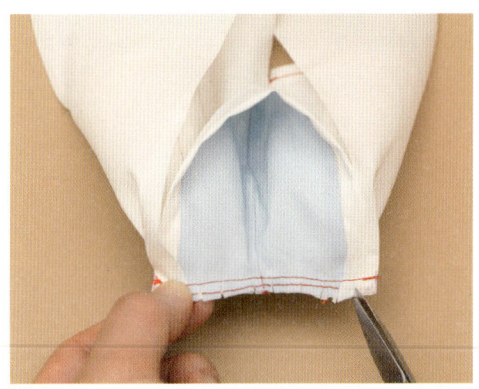

26 시접에 가위집을 넣는다
목둘레 시접에 5mm 정도의 간격으로 가위집을 넣는다.

27 안단 아랫부분을 접는다
앞몸판 안단의 아랫부분을 접고 시침핀을 꽂는다.

28 안단 아랫부분을 재봉한다
안단의 아랫부분 완성선을 박는다.

29 옆선을 겹친다
앞뒤 몸판을 겉끼리 마주보게 양쪽 옆선을 겹치고, 시침핀을 꽂는다.

30 옆선을 재봉한다
양쪽 옆선부터 소매까지 완성선을 박는다.

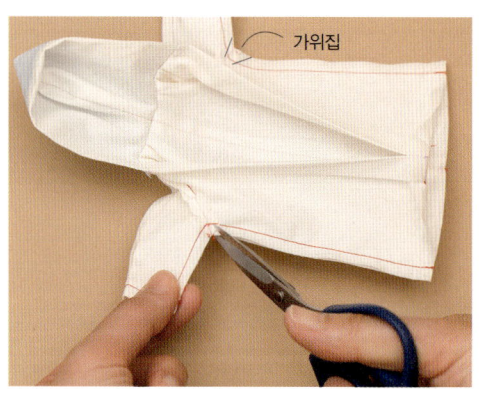

31 가위집을 넣는다
양쪽 겨드랑이 부분에 가위집을 넣는다.

32 겉으로 뒤집는다
몸판과 후드를 겉이 나오도록 뒤집는다.

33 시접을 가르고 밑단을 접는다
옆선의 시접을 펼쳐서 다리미로 가르고, 밑단을 접어 다림질한다.

34 앞섶에 스티치한다
좌우 앞섶에 스티치를 해서 고정한다.

35 밑단에 스티치한다
밑단 시접을 스티치로 고정한다.

36 목둘레에 스티치한다
목둘레 시접을 스티치로 고정한다.

37 뒷모습
완성. 뒤에서 본 모습.

38 앞모습
완성. 앞에서 본 모습.

ITEM INDEX

이 책에 나온 아이템을 소개합니다

만드는 방법: p70   패턴: p166

탱크 탑(쇼트/22·27㎝ 공용)

재료: ▷직조감이 있는 코튼 원단(브로드 정도의 두께) ▷안단용 촘촘한 튤 원단 ▷벨크로 ▷늘어남 방지 테이프 ▷90번수 재봉실

만드는 방법: p70   패턴: p166

※뒤여밈은 실고리&비즈로 마무리
※앞몸판에 체인 스티치

탱크 탑(쇼트/22·27㎝ 공용)

재료: ▷천축 니트 원단 ▷안단용 촘촘한 튤 원단 ▷3mm 펄 비즈 ▷90번수 재봉실, 손바느질용 실, 자수실

만드는 방법: p70   패턴: p166

※뒤여밈은 실고리&비즈로 마무리

탱크 탑(롱/22·27㎝ 공용)

재료: ▷광택 있는 천축 니트 원단 ▷안단용 촘촘한 튤 원단 ▷3mm 펄 비즈 ▷90번수 재봉실, 손바느질용 실

고무줄 스커트(22㎝)

재료: ▷깅엄체크 무늬의 면 브로드 원단 ▷4골 고무줄 ▷90번수 재봉실

※입술 포켓 적용

턱 팬츠(22㎝)

재료: ▷프린트 데님 원단 ▷벨크로 ▷90번수 재봉실

턱 팬츠(27㎝)

재료: ▷옥스포드 원단 ▷접착심 ▷벨크로 ▷90번수 재봉실

※트임 있는 커프스 적용

셔츠(22㎝)

재료: ▷스트라이프 무늬의 면 브로드 원단 ▷흰색 면 브로드 원단 ▷접착심 ▷3mm 단추 ▷벨크로 ▷90번수 재봉실, 손바느질용 실

※뒤여밈은 실고리&비즈로 마무리
※반소매, 각 요크, 핀턱 적용

퍼프 소매 원피스(22㎝)

재료: ▷직조감 있는 면 원단(면 브로드 정도의 두께) ▷흰색 면 브로드 원단 ▷폭 1.5mm 새틴 리본 ▷2.5mm 펄 비즈, 3mm 펄 비즈 ▷4골 고무줄 ▷90번수 재봉실, 손바느질용 실

※뒤여밈은 실고리&비즈로 마무리
※긴소매, 파이핑한 둥근 요크, 플랫 칼라 적용

퍼프 소매 원피스(27㎝)

재료: ▷60수 면 새틴 ▷코드레인 원단(세로 골이 있는 평직 원단) ▷체크무늬 코튼 원단 ▷자수용 실(파이핑 테이프용) ▷2.5mm 펄 비즈, 3mm 펄 비즈 ▷4골 고무줄 ▷90번수 재봉실, 손바느질용 실

만드는 방법: p145   패턴:p167-168

※트임 있는 커프스 적용

셔츠(27㎝)

재료: ▷샴브레이 원단 ▷접착심 ▷특소 비즈 ▷벨크로 ▷90번수 재봉실, 손바느질용 실

만드는 방법: p140   패턴:p172-173

※전면에 단추 장식 적용

플리츠 랩스커트(22㎝)

재료: ▷60수 면 새틴 원단 ▷3.5mm 메탈 단추 ▷5mm 스냅단추 ▷90번수 재봉실, 손바느질용 실

만드는 방법: p140   패턴:p172-173

※전면에 벨트 장식 적용

플리츠 랩스커트(27㎝)

재료: ▷체크무늬 면 브로드 원단 ▷합피 원단 ▷내경 3mm 미니 뱅글 ▷5mm 스냅단추 ▷90번수 재봉실, 손바느질용 실

ITEM INDEX

만드는 방법: p70　패턴: p166

※뒤여밈은 실고리&비즈로 마무리
※사이드포켓 적용

탱크 탑(원피스 길이/22·27㎝ 공용)

재료: ▷벨베틴 원단 ▷면 론(사이드포켓용) ▷안단용 올이 촘촘한 튤 ▷3㎜ 펄 비즈 ▷90번수 재봉실, 손바느질용 실

만드는 방법: p152　패턴:p174-175

※오픈 지퍼 적용
※플랩 달린 입술 포켓 적용

후드 코트(22㎝)

재료: ▷골이 가는 코듀로이 원단 ▷면 론(후드와 포켓 플랩 안감) ▷접착심 ▷오픈 타입 미니 지퍼 ▷3.5㎜ 메탈단추(소맷부리 벨트용) ▷90번수 재봉실, 손바느질용 실

만드는 방법: p152　패턴:p174-175

※오픈 지퍼 적용
※사이드포켓 적용

후드 코트(27㎝)

재료: ▷얇은 울 원단 ▷안감용 원단(후드와 사이드포켓용) ▷오픈 타입 미니 지퍼 ▷3.5㎜ 메탈 단추(소맷부리 벨트용) ▷90번수 재봉실, 손바느질용 실

패턴

앞에 게재된 의상 7종의 패턴이 게재되어 있습니다.
100% 배율로 복사해 사용하세요.

작품:「탱크 탑」p70

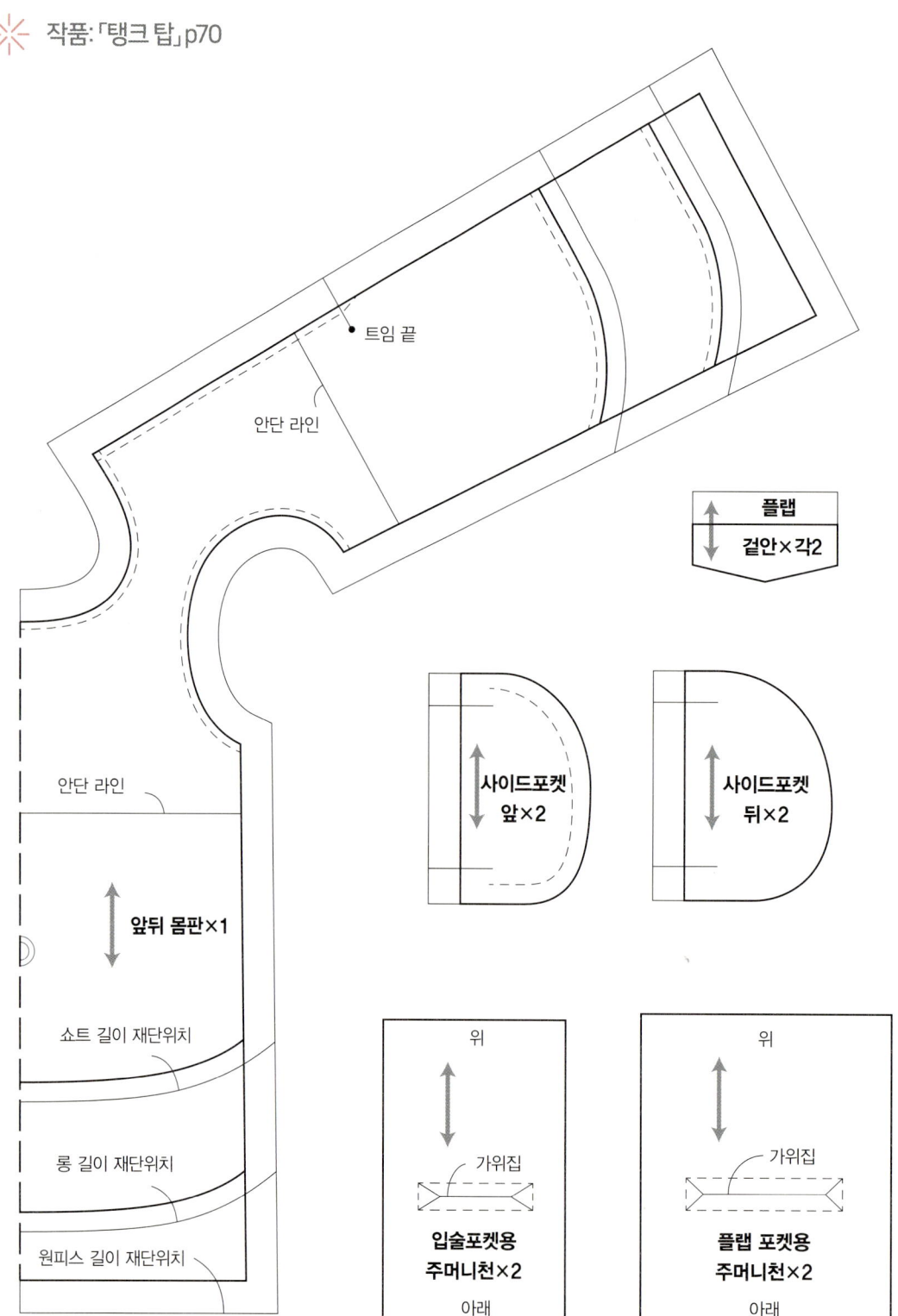

※ 작품:「셔츠」p145

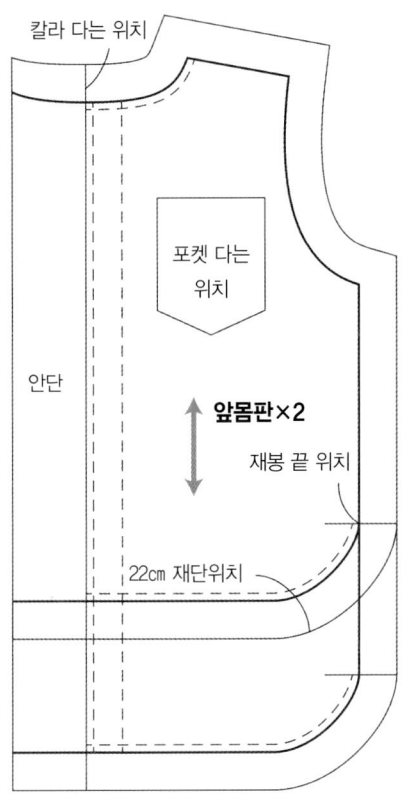
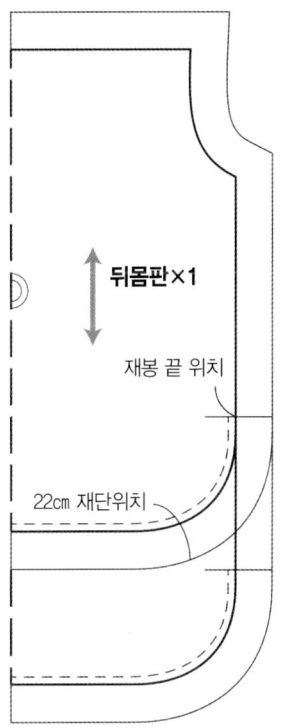

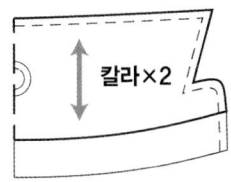

작품:「셔츠」p145

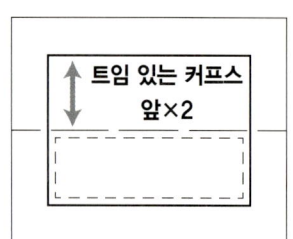

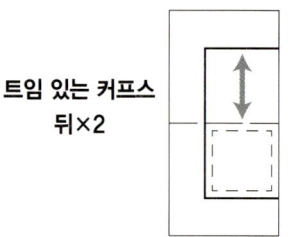

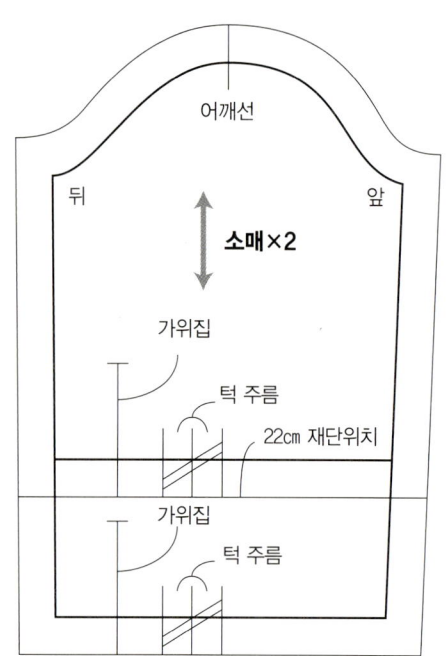

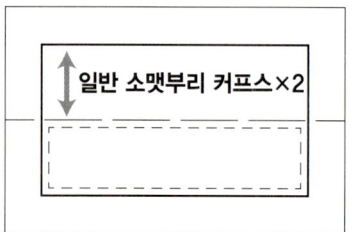

※ 작품:「턱 팬츠」p128

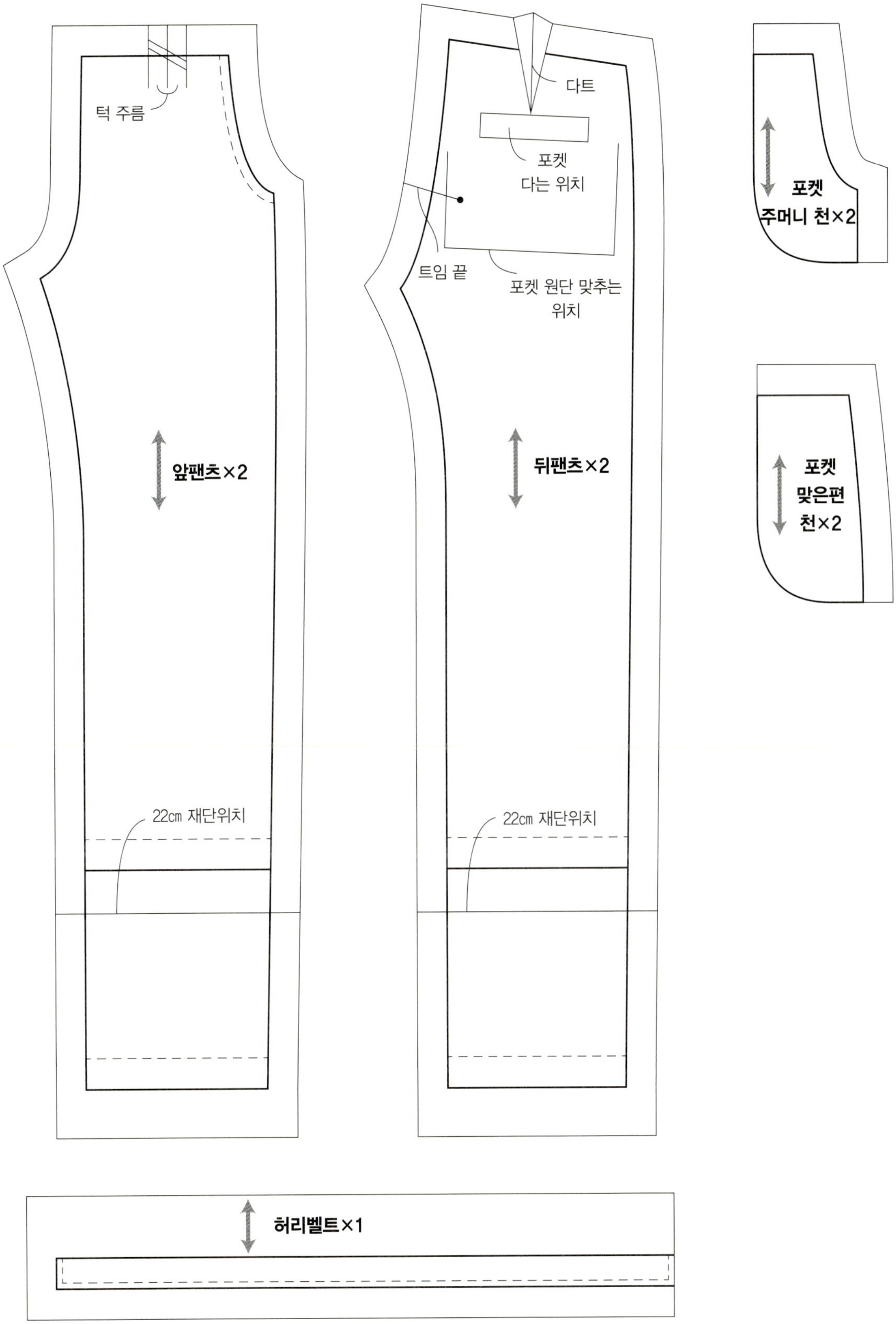

턱 주름

다트

포켓 다는 위치

트임 끝

포켓 원단 맞추는 위치

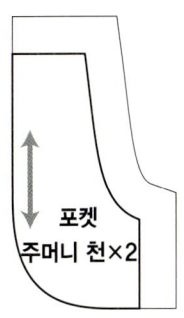
포켓 주머니 천×2

앞팬츠×2

뒤팬츠×2

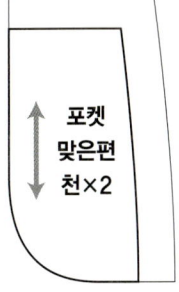
포켓 맞은편 천×2

22cm 재단위치

22cm 재단위치

허리벨트×1

작품:「퍼프 소매 원피스」p134

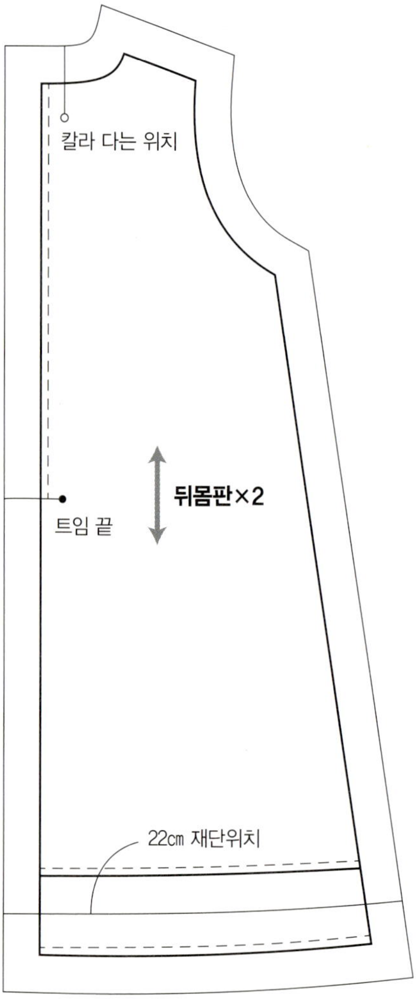

칼라 다는 위치

뒤몸판×2

트임 끝

22㎝ 재단위치

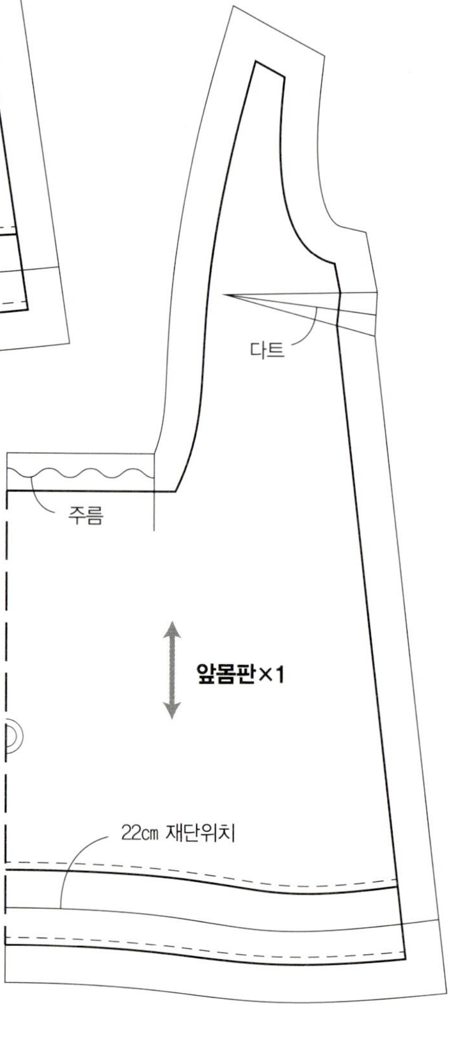

다트

주름

앞몸판×1

22㎝ 재단위치

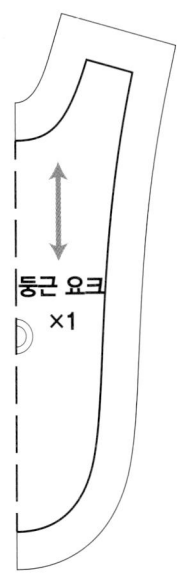
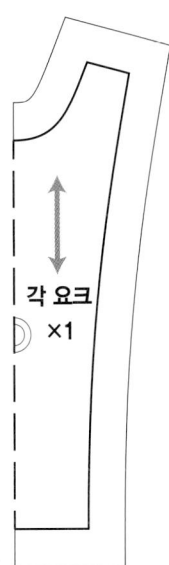
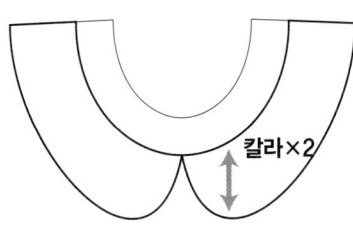
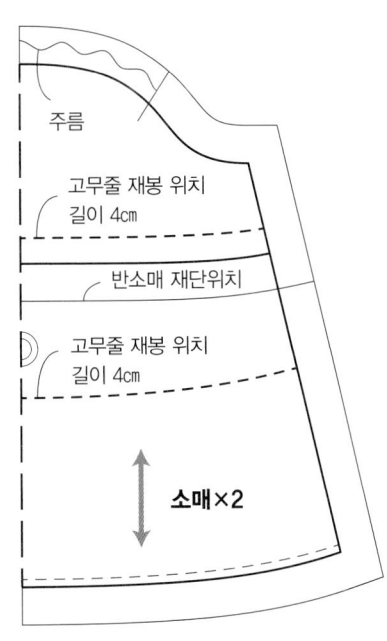

작품:「플리츠 랩스커트」p140

※스커트(1)과 스커트(2)를 연결해서 사용한다.

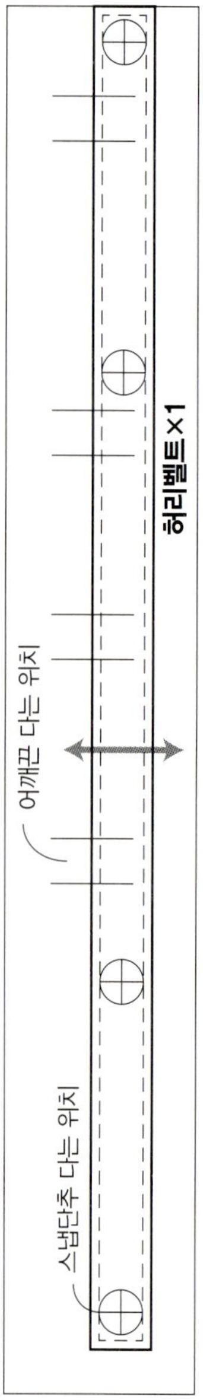

접착제 바르는 곳

허리벨트×1

어깨끈 다는 위치

스냅단추 다는 위치

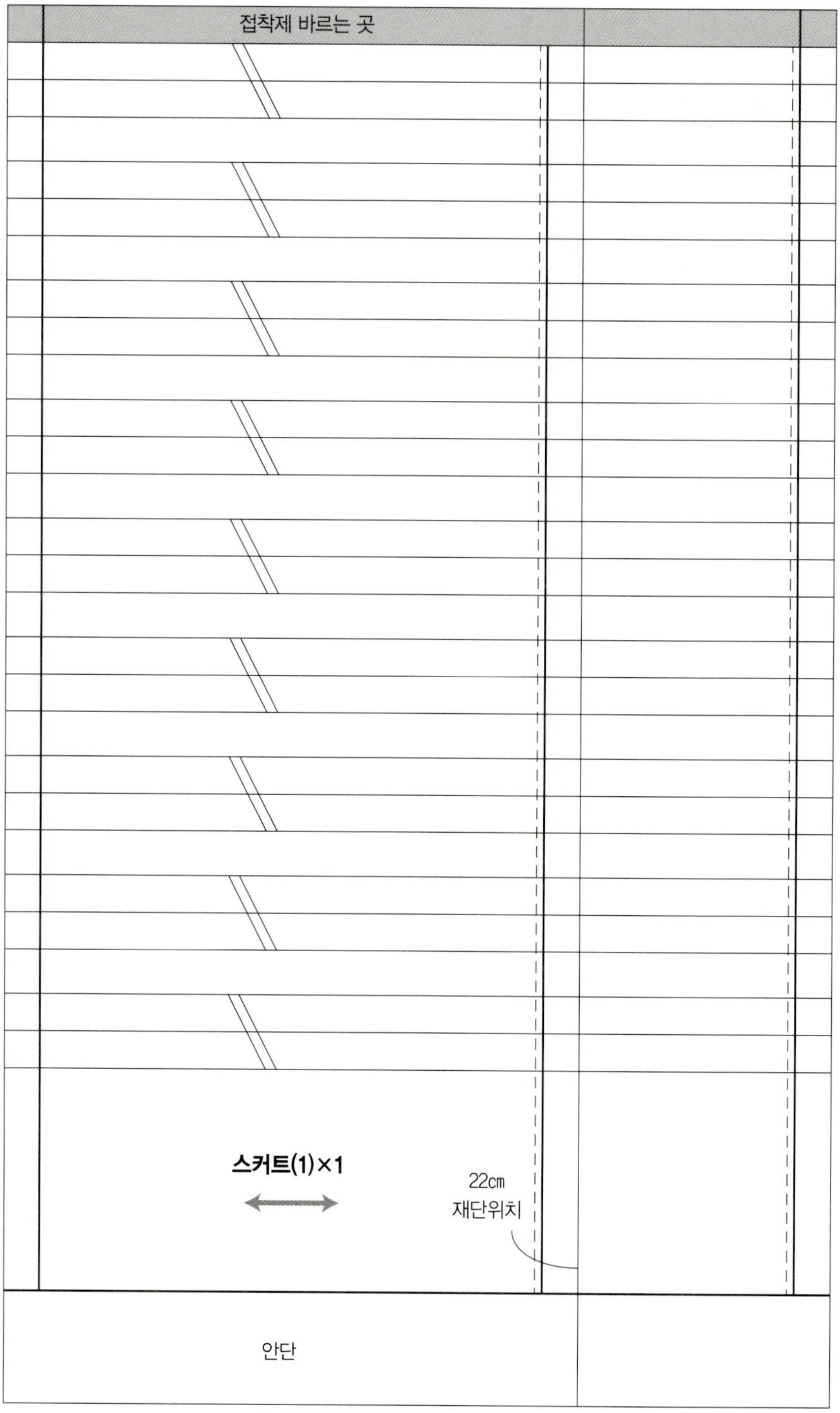

스커트(1)×1

22cm 재단위치

안단

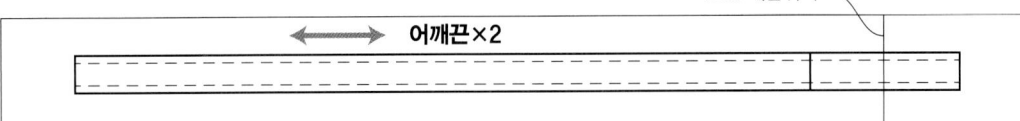

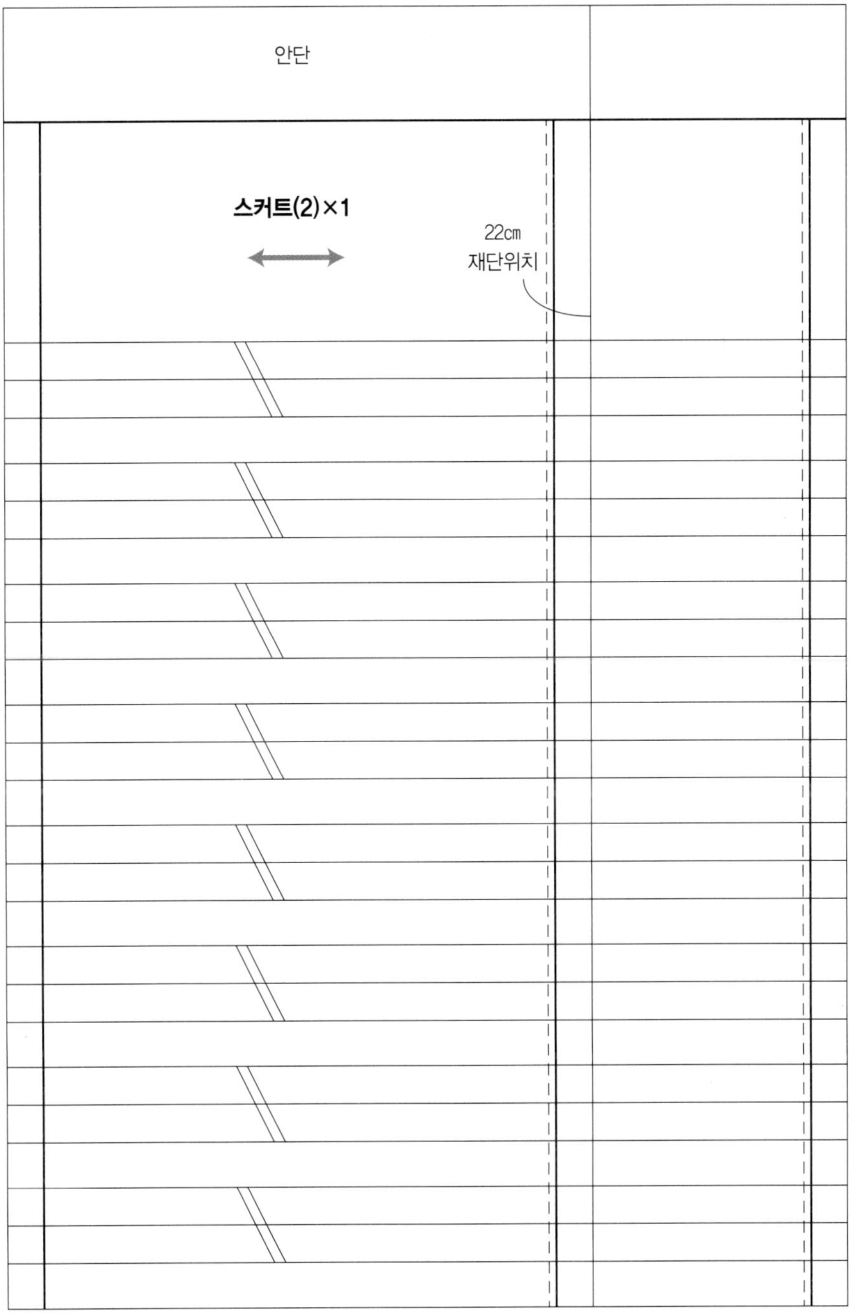

작품:「후드 코트」p152

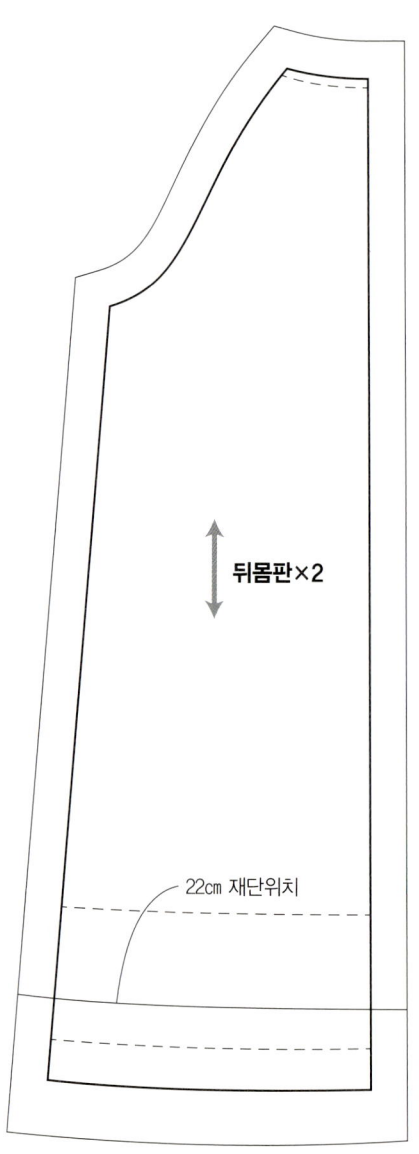

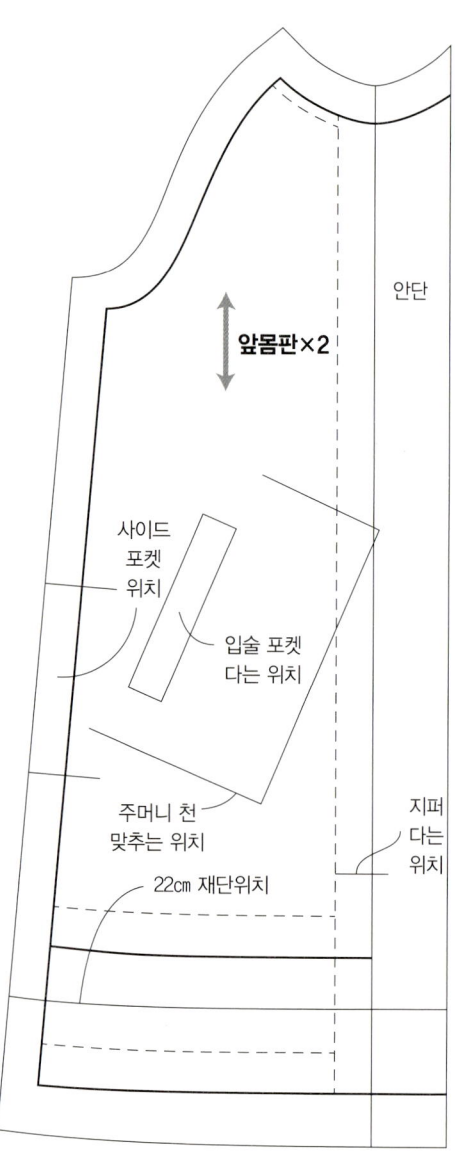

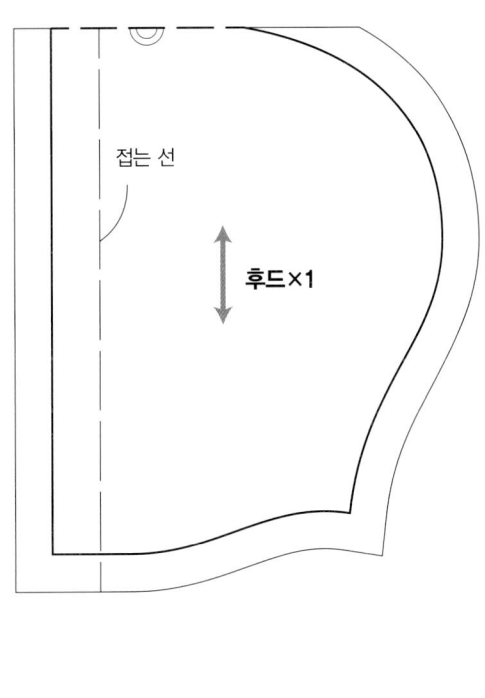
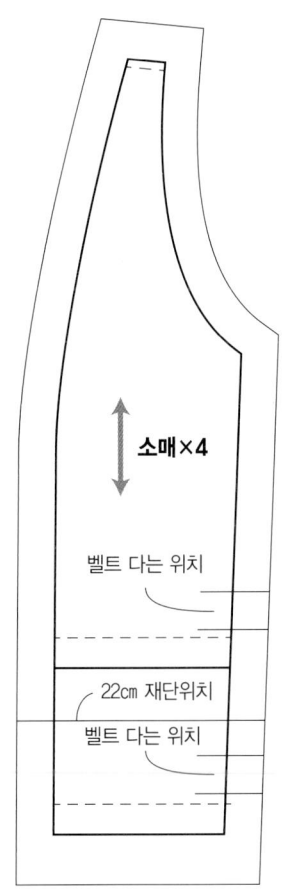
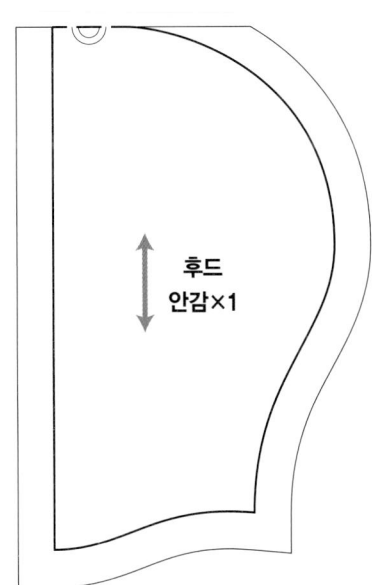

세키구치 타에코

2001년부터 인형옷을 만들어 왔다. 현재 PetWORKs, 세키구치, 아존인터내셔널 등에서 인형옷 디자인과 패턴을 다루며, 자신의 브랜드(F.L.C)에서 오리지널 의상을 제작하고 있다. 『처음 시작하는 돌 코디네이트 레시피』 등 다수의 저서가 있다.

https://flc.theblog.me/

옮긴이 고현정

일본 대학에서 금속공예를 공부하고 한국으로 돌아와 일본학과로 편입해 학업을 마친 후, 통번역 전문 학원을 수료했다. 『처음 시작하는 인형옷 패턴 교과서2』 등을 번역했다.

https://blog.naver.com/jennyvillage

〈패턴 저작권 보호에 관한 주의〉

본서에 게재된 패턴은 책을 구입하신 독자가 개인적으로 만들어 즐기기 위한 것입니다. 저작권의 권리는 저작권법 및 국제법에 의해 보호되고 있습니다. 개인, 기업을 불문하고 본서에 게재된 패턴을 사용 또는 유용했다고 인정되는 것에 대한 상업적 이용은 인터넷, 이벤트, 바자 등에서의 판매 등 어떠한 경우라도 금지합니다. 위반한 경우엔 법적 수단을 취할 수 있습니다.

※본서에 등장하는 인형이나 슈즈 등은 현재 발매되지 않는 것도 있습니다. 각 메이커에의 문의는 삼가 주시길 바랍니다.

Original edition creative staff

Design: Motoko Kitsukawa
Photo: Momiji Igarashi (TOSAKAKING STUDIO)
Patterns · Illustrations: Hina Sekiguchi
DTP: Kishimu Youcha Kikaku
Special thanks:
　AZONE INTERNATIONAL Co., Ltd.
　Cross World Connections Co., Ltd.
　SEKIGUCHI Co., Ltd.
　PetWORKs Co., Ltd. (PetWORKs Store Global http://petworks.ocnk.net/)
　JUKI SALES (JAPAN) CORPORATION
Planning and editing: Noriko Nagamata

기초의 기초부터 배우는
나의 첫 인형옷 교과서

초판 1쇄 | 2023년 7월 10일
2쇄 | 2025년 12월 1일

지은이 | 세키구치 타에코　　옮긴이 | 고현정
펴낸이 | 설응도　　　　　　　편집주간 | 안은주
영업책임 | 민경업　　　　　　디자인 | 박성진

펴낸곳 | 라의눈

출판등록 | 2014년 1월 13일(제2019-000228호)
주소 | 서울시 강남구 테헤란로78길 14-12(대치동) 동영빌딩 4층
전화 | 02-466-1283　　팩스 | 02-466-1301

문의(e-mail)
편집 | editor@eyeofra.co.kr
마케팅 | marketing@eyeofra.co.kr
경영지원 | management@eyeofra.co.kr

ISBN 979-11-92151-57-1　13630

이 책의 저작권은 저자와 출판사에 있습니다.
저작권법에 따라 보호를 받는 저작물이므로 무단전재와 복제를 금합니다.
이 책 내용의 일부 또는 전부를 이용하려면
반드시 저작권자와 출판사의 서면 허락을 받아야 합니다.
잘못 만들어진 책은 구입처에서 교환해드립니다.

ドール服づくりの基礎のきそ (著者: 関口妙子)
© 2021 Taeko Sekiguchi
This book was first designed and published in Japan in 2021
by Graphic-sha Publishing Co., Ltd.
This Korean edition was published in 2023
by EYEOFRA PUBLISHING CO., Ltd.
이 책의 한국어판 저작권은 AMO 에이전시를 통해 저작권자와 독점 계약한 라의눈에 있습니다. 저작권법에 의해 한국 내에서 보호를 받는 저작물이므로 무단 전재와 무단 복제를 금합니다.

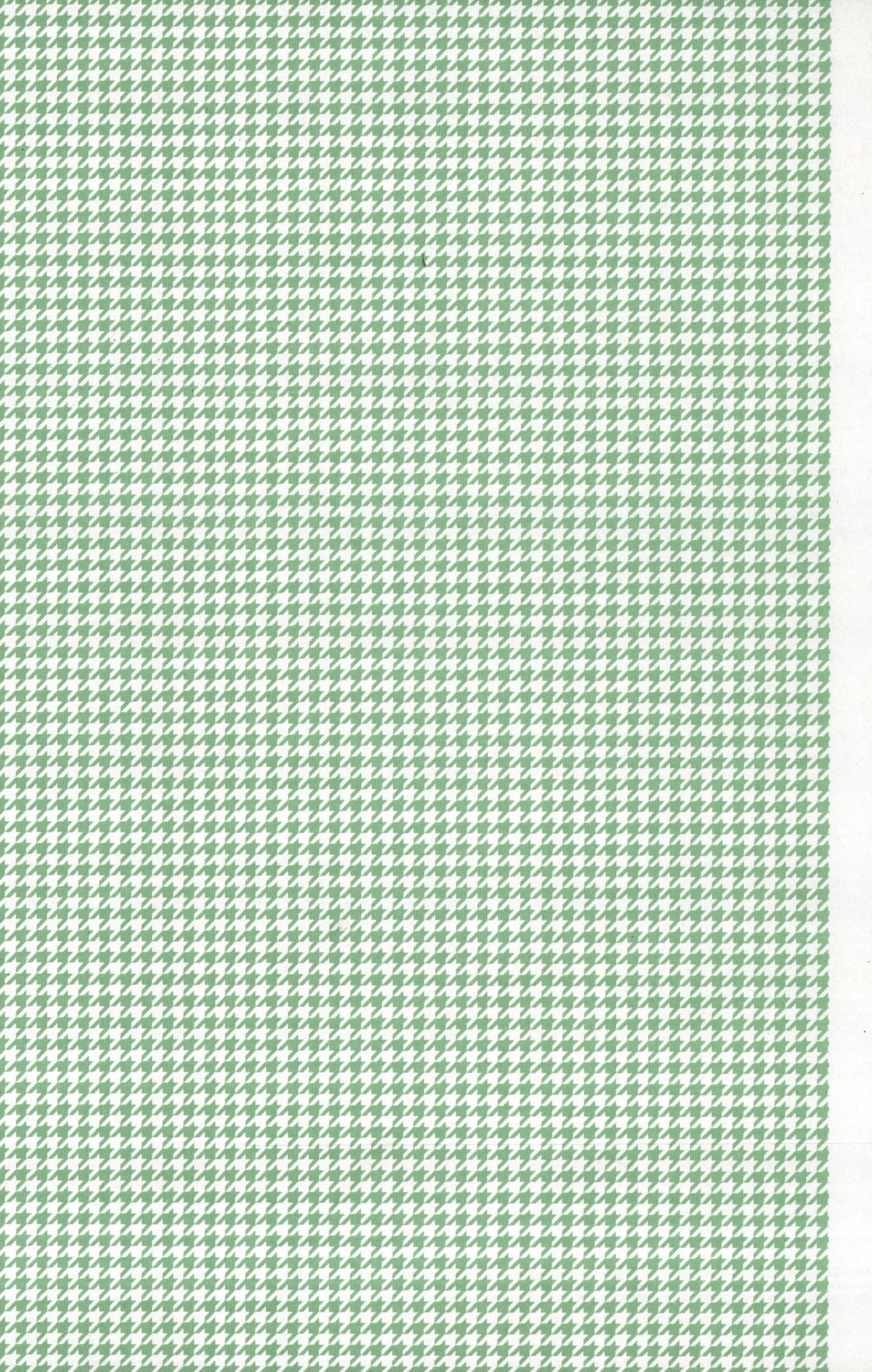